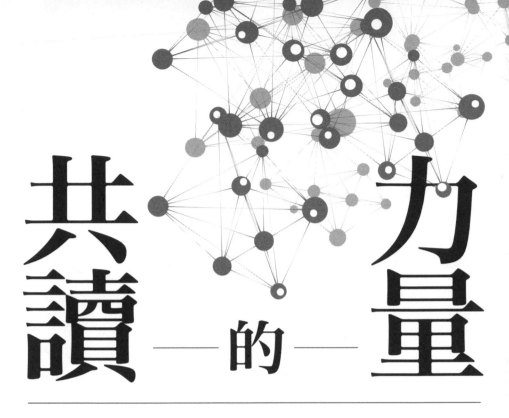

共讀的力量

帶領社群學習的引導技術

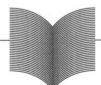

【各方推薦】

每個人都要有一個讀書會！透過社群讀書引導術，社群運作有法、閱讀有方、引導有術，運營更順暢。

——Shary（影音創客創辦人）

運用社群讀書引導術、RSCN心法步驟與技法的運用，透過書和夥伴的深度交流，開啟更多視角，勾起學習的熱情，進而提高對學習的綜合效果，無限延伸閱讀學習。同時連結社交網路，建立個人的軍師聯盟來豐盛生命的厚度與意義。

想要成立自己的讀書會，或是在企業內部推動學習型社群，絕對不能錯過這本書！

——王品涵（Hami書城〔春水堂科技娛樂〕副總）

二〇一七年在 Hank 的鼓勵之下，我成立了我的讀書會「MeCompany」，也加入了他創辦的「書粉聯盟」。從那天開始我的讀書方法就改變了，從一個人讀書變成了一群人共讀。我原以為應該是相同的人來讀不同的書，但漸漸發現是不同的書會吸引不同的人，於是認識了許多不同的朋友，接觸了各種不同的觀點，增添了很多樂趣！

為了和參加讀書會的人進行更深入的交流，我為讀書會設計學習單，安排分組討論，讓大家在讀書之餘，還能夠交流意見。最令我感覺到特別的是，原以為讀書會是我講書給大家聽，後來漸漸發現大家對我講書的反饋才是重點，使我對一本書有了更深更廣的認識。

在成立「MeCompany」的時候，我替自己設定了一個小小的主題：自我經營。我也用這個概念選書。這樣的讀書會，讓我把知識和經驗融合，透過讀書會的共讀，大大提升了我的認知與體會。

共讀的力量真的非常大，謝謝 Hank 鼓勵我成立讀書會，更謝謝他成立了「書粉聯盟」，讓我能夠和不同的幫主交誼與合作。一直希望他寫書，現在終於要出版了。大家可以從他的書中去了解共讀的力量，並成立自己的讀書會了！

——王星威（全球職涯發展協會理事長）

一九九九年我就已經參與Hank主持的讀書會，從中聽到職場前輩經驗分享與建議，對剛出社會的我受益很大。現在Hank也持續在太毅內部運作讀書會，運用他整理的Reading、Sharing、Creating技巧，讓同仁們定期讀一本好書來接軌與探討國際人力資源領域的資訊，這也帶動公司的學習氛圍，對同仁的學習成長幫助很大。

二十年來看到Hank對於閱讀學習的熱忱，進而堅持將讀書會帶來的好處推薦給需要者，由衷佩服他的堅持精神。

如果你想要學習一項技術，或學習運作讀書會、參與讀書會，這是一本你一定要買回家細讀的工具書！

——王淑苓（太毅國際顧問公司台灣總經理）

一本很聰明的書，適合想要辦好讀書會並享受閱讀的發起人，想要集合眾人之力來突破個人迷思的思想家，以及想要透過共讀過程提升企業文化、重塑企業價值的領導者。

書中有各式的讀書會模式可供運用，透過情境的營造和設計，堆疊內在知識的力量，體會書中的可貴訊息。

本書也佐證了「社群智慧的力量」可以透過共讀、共享、共創的方式來經營。不管是閱讀、人脈養成、智囊團集合，或是共識的凝聚，作者手把手指導，閱讀後即可運用，實為一本社群讀書運營深入淺出的好書。

——安一心（華人網路心靈電台共同創辦人）

人類正處於知識高速更新的年代，經濟形態不斷翻新，從農業、工業、商業社會一路發展到資訊經濟、知識經濟甚至創意經濟，每個人必須不斷為自己的腦子補血。

這本書想談的重點其實是：不管個人或企業，除了要強調競爭力，更要時時提升「成長競爭力」。除了比現在，更要比未來，成長競爭力不足，未來的競爭力自然不足，而讀書則是成長競爭力的基礎工程。不斷更新知識系統，讓個人和企業的智識系統永保長青。

——吳仁麟（點子農場顧問公司執行長）

成為斜槓青中老年的關鍵來源於學習力，而現代最有效率的學習就是自主型的社群讀書會。如果你想成立屬於自己的讀書會，或是在企業內部推動學習型社群，你絕對不能錯過這本書。

——周育如（痞客邦社群經營部副總監）

企業文化的建立不是把標語貼在牆上，或印在團體制服上，最難的是從「知道」變成「做到」的落實。感謝 Hank 老師推廣的共讀概念，超越傳統讀書會的框架，讓生硬知識轉化成營運的智慧。8more 近年業績翻轉的關鍵因素之一，就是透過共讀的過程，讓作者的思緒轉化成企業的靈魂，這是企業主不可或缺的法寶。

——林益慶（8more 白木耳健康飲創辦人）

喜聞二十多年老友 Hank 出書，邀我作序，我雖不才，礙於近四分之一世紀的情誼，我不敢推辭，只能回顧過往，試圖找出他寫這本書的動力來源。

猶記得二十年前，Hank 和我及幾位朋友成立一個讀書會，挑了幾本書「共讀」，大家一起學習、分享，享受了一段充滿夢想與鬥志的青春歲月，至今難忘。而當年讀書會的靈魂人物 Hank，近十年來秉持 Passion to Change 精神，號召兩岸讀書會同好，創辦「書粉同盟」，同時不斷教導有志之士運用他的社群讀書引導術，持續展現共讀的力量。

這本書融合知識管理、組織學習、團體引導、社會學習、同儕學習的觀念與技巧，同時運用O2O與社群管理手法，深入淺出，不藏私地分享 **Hank** 多年實踐社群讀書會的實戰心得，讀來毫不費力，樂意推薦給有興趣於推動社群讀書會的朋友們參考！

——柯全恒（天來人才管理顧問股份有限公司創辦人暨執行長）

《共讀的力量》是一本可以提供企業有效推動讀書會的實用書籍，透過書中清楚明確的步驟與簡易實用的工具表單，能夠幫助企業在推動讀書會時，更有效達成舉辦讀書會的目的，對於營造學習型組織的學習氛圍，或激發創新思維都有很大的幫助。

——柯惟苓（台新銀行人力資源處協理）

身為人資訓練主管，安排培訓總要思考不同階層與專業所需學習的截然不同，業務屬性不同也很難接受相同培訓，但從企業角度而言，要提供個人化培訓資源實在非常困難。你能想像我讀到《共讀的力量》時雀躍的模樣嗎？本書讓我找到超越傳統培訓體制的解答，既能滿足個人化學習需求，又能兼顧企業組織需求。主管們透過這本書能學會啟動團隊的自主學習能力，進而鍛鍊出解決問題的技能。每個主管都值得擁有一本。

——高丹琳（遠雄人壽人事總務室經理）

Hank是我心目中極具生命動能和學習感染力的鐵人，早該出書了！過去和Hank共創社群讀書會的過程，喚醒我的讀書熱情，刺激我關注大陸專業書市的發展，因此創辦「冊動讀書會」，影響一群HR夥伴拔高加深內化世界人資大師的智慧精華，Hank功不可沒。

Z世代員工面臨VUCA的工作環境，對學習的渴求更甚於以往，希望對標職場中的牛人，要求學習短平快、能隨時隨地、開放平等交流，線下讀書社群難以實現。而網路世代，結合了線上支付和小程式，讓我有機會運營跨城市百名員工自願付費的線上讀書社群，因而找到了學習型組織推動的突破口。

共讀的力量來勢洶洶，你準備好了嗎？

——強曉霖（藍天集團大陸群光廣場人資總監）

敢變大師林楊程集熱情、分享、恆毅力於一身，工作上身經百戰，私下一身書卷氣息。因著好學、樂學、學用合一的使命，真知灼見地啟動「書粉聯盟」讀書社群。現代人對於知識的渴求，讓讀書社群成為虛實整合、人際交流的平台之一。本書推薦給喜歡學習，喜歡分享，更喜歡有一群人一起讀書的你。書中實用性高的九大技法，可讓讀者快速上手，案例實際操作、跨界整合，引導技術應用流程到位，讀書會運營的吸粉心法，一點都不藏私羅列其中，是一本值得推薦的好書。

——許于仁（國際引導技術學會理事長）

這是一本在讀書引導與社群經營兩個領域交集中的高能量學習，更是讓你輕鬆自在的從小眾讀書會升級到新型態組織學習的最佳工具書。

強力推薦本書理由有三：一是堅毅推動學習創新、熱情務實的作者；二是高效成立社群讀書會的心法與技法兼具；三是高含量知識後的重點回顧。

讀書到讀人，知道到做到，生命格局的提升，就從成立社群讀書會開始。

——陳妍安（memo 心靈健康生命教練）

我這個兄弟，您現在聽他說他想做，不久您就會看他做給您看到。我是他三十多年的摯友，以最驕傲與喜樂的心介紹這位「夢想的實踐者」給大家。

知道揚程準備出人生的第一本書已引頸期盼，昨天午夜看到他傳來的作品更是感動，當下就徹夜看完！深深覺得，揚程寫這本書《共讀的力量》是理所當然，也是水到渠成！

三十多年前剛出社會的我們分別投入非主修科系的行業，為了可以快速累積商業投資、經營管理知識及探索生命，一起成立了第一個讀書會。回首人來人往、潮起潮落的歲月，揚程已成為了「讀書會的傳道者」，因此也累積了許多相關經驗與知識。

記得他的「社群讀書會引導術」第一堂分享課雛型，是我們一起爬嘉明湖時，在避難山屋裡點著頭燈慢慢構思而成，而「書粉聯盟」的概念也是在春水堂、漫畫屋、溫泉區、馬路邊……聽著他一字一句建構出來的！

啊，說太多了！如果您想成立讀書會或是在組織中推動讀書會，這本書絕對值得您靜心品讀，您的問題將迎刃而解！如果您想成為夢想的實踐者，更應該透過這本書認識揚程，或直接加入「書粉聯盟」，成為其中的一份子，感受他的生命與活力。

——陳志峰（傑人教育基金會副執行長）

在日益忙碌的時代，雖然很多人都有心自我精進，但是大家遇到的最大難題，通常都是——工作這麼忙，根本沒有時間好好讀一本書。但如果一個人的閱讀困難，有機會變成一群人的共創體驗呢？一個人讀書固然美好，但是一群人讀書，卻可以創造更多的可能性。

這套社群讀書引導的技術，是由兩岸知識社群「書粉聯盟」的大家長林揚程先生，透過不斷實踐與創新，孵化了兩岸為數眾多的讀書會社群。透過社群讀書會的方式，我們能夠更有效率、更開放的去應用新知，讓一個人的「知道」，變成一群人的「做到」，讓閱讀變成一種正向文化，讓閱讀即共讀、閱讀即共創、閱讀即共享！

歡迎各位有志之士，一起應用這套社群讀書引導術，帶著夥伴勇敢踏出舒適圈，以書會友，讀書也讀人，為自己的人生創造不可思議的梅迪奇效應。在這個越來越挑戰的年代，人人都該擁有自己的讀書會，打造一個專屬於你的「軍師聯盟」！

——陳政廷 Mr. Ben（創識智庫執行長）

愛好閱讀卻找不到同好嗎？想找到持續精進的夥伴嗎？需要事業上的智囊團嗎？那麼，你需要《共讀的力量》！

書中除了帶領你從分析品牌定位、價值、閱讀層次到建立一個讀書會，更提供運營到活動設計、團隊建立的六大步驟、九大技巧，讓你沒經驗也可以運作順利。

我親自從零到一百嘗試成功，真心與你分享一定要收藏的好書——《共讀的力量》！

——凱熙（好食健身房 健康管理教練）

讀書會不只是讀書，運用社群引導術，讓群眾透過RSC架構與九大技法的運用，把書、作者、你、我，過去的經驗與未來的實踐連結在一起，讓自我智慧在讀書會環境下四射交錯，開啟書友們的新視野，勾起學習的熱情，讀書會就是要用這樣的氛圍來運行。

友達光電推動「當責文化」，力成科技推動「每個人都應有的CEO思維」，你的應用呢？

——曾帥文（前力成科技人才發展部副處長）

常聽人說，書籍裡的東西都只是理論空談而已，但跟 Hank 共事二十四年，他一直都是理論的實踐者，不斷驗證這些理論的可行性。我們都了解知道不等於學到，學到不等於會用到，看 **Hank** 這本書，會讓你系統性地學到，並容易去做到！

所以容我大膽的說：這本大作，可以說將如何提升「讀書社群」這個存在許久的客體，在後現代閱讀者所期待的價值重置與提升的挑戰上，提供了絕佳的實務操作指南。無論您是企業內部還是企業外的讀書社群都適用。

——黃立雯（太毅國際顧問集團共同創辦人）

想要讓組織達成共識，讓員工能暢所欲言，在組織裡推動讀書會是很重要的一環。在我成立讀書會後，邀請團隊成員選他們想讀的書（例如銷售、行銷和說話溝通等議題），每個人分讀不同章節，並依照本書中許多獨特的讀書會帶領方式，讓每位團隊成員都有充分參與感，領讀人也能分別知道團隊內部成員的盲點，了解他們需要成長的地方，快速達到成長、共識與團隊合作。

——維琪老師（好感度教練）

我經營讀書會已經有四年時間，邊讀邊怨恨這本書出版的太晚，因為它真的太實用了！

對於任何一個想成立讀書會的人來說，《共讀的力量》是不可或缺的入門金磚，它會讓你少走很多冤枉路。

——劉子瑜 Jennifer Liu（海外愛書人社群 CocoonLink 創辦人）

讀書會，做的人多，做得好的人少，就和許多知識一樣，知道與做到，永遠隔著一道看不見的牆。如何打造一個理想的讀書會？我上過 Hank 的社群讀書引導術課程，他整理出了一套系統化的引導方法，這本書就是依此脈絡而生的武功祕笈，能幫你打造共讀共生的讀書會生態，讓你聚集一群愛學習的人，一起終身成長。

——劉俊佑．鮪魚（生鮮時書創辦人）

開卷有益，共讀共樂！

從小我就喜歡看書。身為愛書人、書籍作家以及讀書會主辦人的多重身分，近年來我一直鼓勵身邊的朋友們參與或組織讀書會。

對我來說，參加讀書會的樂趣和收穫實在太多了。不只因為開卷有益，更棒的是在導讀的過程中，可以與夥伴們交流與互動，也能夠更貼近作者的思維。當然，我也因為讀書會而認識了一群知己好友，並且領略了「老書新讀」和「好書慢讀」的樂趣。

很高興聽到「書粉聯盟」創辦人Hank的新書《共讀的力量》即將付梓出版，他不只是一位事業有成的企業家，近年來更穿梭兩岸推動社群讀書引導術，可說是卓然有成。如果您也想要多了解經營讀書會的眉角與祕訣，我很樂意向您推薦這本好書。

——鄭緯筌 Vista Cheng（Vista 讀書會、寫作酷網站創辦人）

這是一個日漸茁壯的「後現代」讀書社群新指南。解構、重構、拼貼，是後現代主義的核心概念中，最為受人熟習的經典名詞，其核心在於三者的歷程體驗與概念重生轉換。好友漢克的這本新書讓我們了解，一本書可透過多人共讀來進行解構，再透過聚焦討論進行有效重構，最後透過夥伴多元視角的延展，完成異質而創新的實踐拼貼。

——盧世安（人資小週末專業社群 創辦人）

一個人讀書可以很安靜，一群人一起讀書不但很快速還很快樂！這就是社群讀書會中知識交換與知識碰撞的魅力所在。

當我們面對知識焦躁與知識恐慌的時候，社群讀書會是最佳知識交換的良方，而如何組建一個有效率、有特色，又有黏著度的社群讀書會？你需要有好的心態、思維與手法，這些在《共讀的力量》中通通教給你！

——鍾曉雲 Monica（兩岸自媒體形象導師）

讀書、讀人、讀自己；懂人、懂事、懂道理！揚程顧問二十五年教育訓練事業紮實歷練，深知職場痛點、創業家的孤寂，以其縱橫四海的見識，著作《共讀的力量》廣邀天下人組織有目的性的讀書會，為職涯發展打磨，為事業經營奠立基礎，進而透過書粉聯盟彼此觀摩學習產生交流，形成一股新興力量，攜手遨遊商道，快樂工作，健康生活，心靈富貴萬萬年。

——鍾錦芳（生命動能協會創辦人）

看書就像在抓魚？一群人一起看書，就像一群人在水塘抓魚，一定比一個人抓來得多來得快。這幅歡鬧的景象，就是每次 Hank 大叔「大書讀書會」的場面，有趣，有料，有效率。

在一個「內容過剩」的時代，線上、線下能提供知識學習的機制非常多。但是學習的管道越暢通，「知識焦慮」的症狀就越嚴重。大多數的人一方面過度收集，另一方面還不斷追逐著新東西跑。

如果你有類似的困擾，或覺得一個人讀書太孤單的話，可以試試組建學習型社群（一群人一起看書）。不只「魚獲」增加，偶爾也會摸到「珍珠」之類的意外彩蛋，這些珍珠，正來自於各式觀點的相互激盪。

教閱讀的書很多，大都只談如何跳讀、摘要、筆記等技巧，偏重「個人修練」，但教導「社群學習」的書很少，《共讀的力量》是市場唯一的亮點。

熱愛學習的人要看，當你需要一個可以盡情表達的「池塘」時；時雨春風的師長要看，可以幫助學生跨越學習障礙。若校園也能開始「抓魚」，那就太棒了。

——顏世昌 Calvin（台灣行雲會理事長）

一個人讀書在於獨自品味，一群人讀則集結眾人之智。怎麼透過辦讀書會，從中激發參與者的動力與創意呢？怎麼讓人人成為優質領讀人？《共讀的力量》提供新型態組織學習法、營運技巧與領讀模式，讓組織中的每一個人都能成為補足企業培訓缺口的一塊重要拼圖。

透過四大類型讀書會、六大階段讀書會檢核表以及九大帶領技法，依據參與人數、參與意願等不同角度面向分析，根據選書挑選適合的閱讀模式，一層層剖析社群讀書會重要的執行要素，一步步打造企業知識引導人。

這是一本讀書會領讀人的參考書，值得放在手邊時時翻讀，豐富的表單以及技法提點，讓組合可以多樣，不僅適用於個人舉辦讀書會、更適合在企業組織中進行讀書共讀與研討，讓知識可以更快速迭代、逐步升級。

——魏美棻（圖解思考溝通企業講師）

對我來說，教育與知識是所有改變的根本，而閱讀則是所有基礎教育的第一步。現在兩岸三地突然吹起了一股新的社群讀書會風潮，透過這種新型態的組織學習過程，你可以和一群夥伴利用同樣的知識創造更多的價值，也可以結交到一群能在生活、職場上幫助你的朋友。如果你也想透過這樣的方法讓自己變得更好，非常推薦這本《共讀的力量》。

——蘇書平（為你而讀執行長）

【推薦序】

透過讀書會，建立你的跨界學習力！

古秀華（友達光電股份有限公司永續長）

在現今知識經濟需要跨界能力的斜槓人生中，學習的方式須更 smart。閱讀，且是群讀、共讀可讓每個參與的人獲得的不只是一本書的知識，更是群眾智慧，透過分享能看見自身的侷限與我執偏見，進而理解對方的觀點、啟發新的體悟，這是社群讀書會與傳統讀書會最大的差異，無論你參與的是讀書會或是拼書會、讀享會、聊書會，都能有這些收穫。

我與 Hank 相識多年，他的無私分享、廣結善緣及學習上的自律，很令我佩服。看他本著熱情與初心將其多年為帶動社群讀書會探索、實驗而努力的成果彙整成書，這對於想推廣讀書會的人或組織必定非常受用。Hank 以清晰的方法將社群讀書引導術運用的九種技法，搭配執行步驟呈現，論述條理分明、圖說簡明扼要。本書不但點出舉辦讀書會的常見問題，同時提供操作流程及檢視的表格，並記錄著許多來自Hank教學第一現場的具體經驗分享。

我服務的公司曾在二〇一五年推動「自主當責」文化，以讀書會啟動awareness education，形塑組織共同文化語言，期待在共讀、分享、共創中建立全員的自主當責DNA。

當時面臨的第一個挑戰，是如何讓全球超過一萬三千位員工同時進行讀書會並達到效果；第二個則是選擇的《當責，從停止抱怨開始》全書厚達三百四十七頁，充滿案例內容，要如何平行展開，讓擔任全球各讀書會領讀人的主管們用易學易操作的方式帶領。我正為此苦惱時，很幸運的遇到Hank無私指導，經過多次討論後即舉辦全球的領讀人培訓（TTT，Train The Trainer）。正式展開讀書會時，董事長以身作則投入第一線帶領讀書會，透過「一三一法」，讓參與者能精準、快速萃取書中知識，成效令人印象深刻。

領讀人以系統性、流程化的方式進行共讀（Reading）、分享（Sharing）、共創（Creating）、網路（Networking），逐步帶領參與者透過結構式的學習，得到具體成果。正因為有這些成果，讓公司同仁覺得花時間投入、參與討論是值得的。過程中，我體會到透過群體討論、交流所產生的共創及網路是社群讀書會獨特的價值，這樣的價值必須親自參與才能感受。

歷經十三個月，我們在全球共舉辦了一百組主管讀書會、兩百梯次的共讀 workshop，超過一萬三千位同仁參與，最後提出八百一十一項觀察。這些項目經由討論、聚焦及收斂，成為落實自主當責的行為指標，並作為推廣自主當責文化的計畫依據。

這是一套能夠有效達到團隊交流、共享及開展各部門訊息的運作方法，藉由交流模式，達到群眾分享、帶動整體企業文化形塑。書中針對 RSCN 的關鍵說明，提供讀者另一種看見社群讀書會價值的角度。

——共讀（Reading）：目的是打破同溫層，讓不同背景者參與，一起閱讀，激盪火花。

——分享（Sharing）：不只分享書中所談的觀點或知識，參與者本身也被同步關注。

——共創（Creating）：讀書會應從「知道」進階到「實踐」，最好的方法就是共創應用。

——網路（Networking）：書中提醒，無論是企業組織內或外的社群讀書會，皆等同於建立起你專屬的智囊團。

如同書中所說，「不讀書的人，一輩子只能體驗一種人生；讀書的人，一輩子可以體驗

1000種人生。參加讀書會的人，我認為可以體驗1000×N種人生！」

我必須說，這是一本實用並能充分落地的好書！

閱讀，是一生中最值得投資的學習，群讀更是資訊爆炸時代最有效率的作法。欣見Hank這樣的典範將其在社群及企業內帶領讀書會的經驗編纂成書，我相信這本《共讀的力量》將提供帶領讀書會的個人及企業許多幫助，讓參與者開啟共讀後的跨界學習人生。

【推薦序】

一套實用的讀書會操作祕笈

方素惠（ＥＭＢＡ雜誌總編輯）

在這個喧囂的年代，對許多人來說，最困難的事情莫過於坐下來靜靜地看一本書。你要對抗的，是整個世界的流動和繁華。

閱讀本身已經這麼難了，說到辦讀書會又是另一種挑戰。要避免流於形式的乾澀分享，或有人唱獨角戲的獨攬全場，要能夠激發與會者的熱烈參與，甚至激盪出火花，沒有好的流程設計和引導技巧很難做到。

特別是企業讀書會，參加者通常是被上級指派，並非自己主動參與，再加上會議中常有上司在場，讓人很難自在表達學習心得，有時帶來的壓力甚至比工作本身還要大。那也是為什麼我每次在企業演講，問到參加過讀書會的人有多少？絕大多數的人都會舉手。但是問到現在還在進行的？通常至少三分之二的人會把手放下。

因此這幾年，看到林揚程總經理不遺餘力地在兩岸推動讀書會，特別佩服他的行動力和熱情。在他的著作《共讀的力量》這本書中，他以長時間累積的豐富實務經驗，提供了詳細具體的做法，分門別類拆解步驟，提供表格，對於正在摸索如何舉辦讀書會的企業和個人來說，可說是一本完整的實務入門書。

在書中，他從如何分組、頻率安排，到如何為讀書會行銷，如何領讀與分享，都詳細解析。這些「眉角」和撇步，沒有豐富實務經驗是無法提出的。例如，他特別分享的「一三一法」，用簡單的口訣，幫助學員學習先用一段話來介紹一本書的內容，接著從書中挑出三個重點，最後，再從書中找出一個知識點，以便未來運用在工作或生活上。這些簡單清楚的步驟，對於不善表達的讀書會成員來說，不啻為一套實用的操作祕笈。

多年來，許多企業在公司裡以ＥＭＢＡ雜誌作為讀書會的閱讀教材，因此，我有機會走訪許多企業，觀察、參與讀書會，甚至實際導讀，也在自己的團隊裡推動讀書會。我深深體會，當缺乏一套恰當的讀書會方法，讀書會會漸漸乾枯；而一旦摸索出適合自己企業的做法，它會再次茁壯，甚至成為內建在企業裡的成長引擎，啟動公司的正面循環和能量。

儘管我仍然深信，閱讀文字的那種美好，那種情緒逐漸沉澱，和自己內心單獨對話的神祕力量，必須一個人靜靜完成，無法靠著和別人一起共讀，或由別人導讀所能取代，但是讀書會所帶來的交流與激盪，也的確可以超越個人的視野和限制，創造出各種豐富的可能。

【推薦序】

讀書會，企業組織學習的新風潮

游舒帆（商業思維學院院長、商業思維傳教士）

我本身是個非常喜歡讀書的人，這些年下來讀過的書少說也有三千本，讀書對我來說除了是一種學習新知的方法外，更重要的是能讓你從作者的角度再次強化一門學問的認知。同樣的主題，作者不同，觀點自有差異；相同的做法，談不同的主題，切入的角度也是不同。閱讀，能改變我們看世界的方式。

而與一群不同背景的人共讀，則能一次吸收許多人的觀點。經由共創、相互啟發，成效更勝獨自閱讀。近幾年知識經濟爆起，線上與線下的讀書會如雨後春筍般蓬勃發展，而以Hank所組織的「書粉聯盟」聲勢最為浩大，不僅組織性強且主題多元，一年下來舉辦的讀書會場次約在五百場，在台灣已推動了極強的共讀學習風氣。

然而讀書會這麼多，什麼樣的讀書會才適合自己呢？我認為有兩個方向：第一，如果已經有些工作資歷，可以挑選與會者年紀、經歷與自己相近的，彼此能夠交流的內容較多，也會有更多能夠相互學習的地方；第二，如果工作資歷還不長，可以選擇有知識網紅或大神坐鎮的讀書會，他們能在你的職涯早期給予較多養分。

如果你是一個學習者，正在思考什麼樣的讀書會適合自己，那你一定要讀這本《共讀的力量》，清楚了解不同類型的讀書會能帶給你什麼價值。

在社群年代，讀書會的角色除了共讀、共學之外，也是許多知識型網紅經營個人品牌與自媒體的有效場域。讀書會除去純粹的知識與經驗交流，還多了幾許商業氣息。然而在知識經濟的環境下，我們應該清楚體認到，知識有價，能讓你精準吸收知識的讀書社群更是寶貴，這也成為許多知識網紅耕耘自品牌與自媒體的方法。他們擁有豐富的專業知識以及表述能力，每每能讓參加讀書會的成員們大有斬獲，在這個基礎上，讀書會從原先只酌收場地費，到後來能夠收取聽講費，甚至開線上課、實體課，收課程費用……從讀書會到付費課程，已是許多知識網紅的知識變現方法。

如果你也是知識工作者，千萬不要錯過這本書。因為 Hank 很好地解構了這中間的邏輯與運作手法。

這股讀書的風潮不僅在社群內發酵，也走進了企業，許多名列五百大企業的公司，都持續在公司內部推動學習型組織，期望透過公司內的讀書會或其他學習活動，帶動組織的學習氛圍，進而讓員工成長。然而想做的公司很多，真正能將企業內讀書會運作起來的卻少之又少，很多人將問題歸結於員工的學習意願低落或企業文化問題，卻無法解釋為何員工在下班後拚命地去參加外部的讀書會活動。

究其原因，可能是我們沒有用對方法。如果你是企業主或企業HR，當公司想推動學習型組織，或者想建立企業內讀書會，在《共讀的力量》這本書裡，Hank 分享了他如何協助各大企業建立內部讀書會的手法，能讓你少走許多冤枉路。

本書不只談觀念，也談實務，更難能可貴的是將讀書會的組成與運作方式做了清晰的剖析，相信喜歡讀書的你，一定會愛上這本書。

【推薦序】
進擊的學習

陳世杰（國泰人壽訓練部協理）

每一個人都應該有一個自己的讀書會，用社群共學的力量，與一群志同道合的共學夥伴相遇，一起分享生命經驗，共享群眾智慧，探索實踐之道。

是的，這是作者揚程兄的發現，更是他作為生涯志業的實踐。他結合了兩種生活經驗，翻轉了我們對讀書這件事的認知。原來讀書不只是讀書，還可以是全新創造。透過讀書會與社群的結合，賦予學習更積極的價值，或許可以說是「進擊的學習」！

讀書是普羅大眾的生活經驗，讀書會的盛行更滿足了現代人對新知識追求的強烈渴望。這種機制似乎將我們或企業推上學習型組織的列車，各種形式、各種主題的讀書團體紛紛出現，絡繹不絕，好不熱鬧。

社群交流已經取代了我們日常生活中很大比例的面對面溝通，嚴格來說，已經是大部分現代人生活的一部分，高頻率使用社群軟體，幾乎是全民運動。有一些必須透過人際溝通達成的專業，甚至必須進入社群，找到想對話的TA。社群的普及，或多或少也迎合了眾多個人或是企業的商業需求。

令人好奇的是，加上社群以後的讀書會是怎樣一個模式？

本書第一章，開宗明義就給出了答案，「社群」＋「共讀」這個透過加法而成的創新讀書型態，為我們的學習帶來了新的進化。作者稱此為「新時代超強學習術」的機制，兼顧了學習及創造，讓讀書不再只是讀書。在社群共讀的機制中，書不再是讀書會的重心，只是一個載體，共讀（Reading）、共享（Sharing）、共創（Creating）與網路（Networking）才能社群讀書會的真正價值。以人為核心，強調的是知識要共創才會多元精采，要擴散應用才能產出價值。

對於社群共讀參與者來說，透過彼此知識的分享，相互理解，與自我的經驗相互驗證進而啟發新觀點甚至產生新創造；對一個以打造學習型組織為目標的企業而言，社群共讀能夠應用在各種組織場景，用新形態的組織學習法，引導知識創新，甚至提速文化落地，這是個人學習型態的新啟發，也是企業學習推動者的夢幻大招。

展讀本書，有感揚程兄對社群共讀長期投入的堅持與熱情，無論是書中歸納出的社群讀書會的價值主張，或是可以滿足個人或企業學習需求的RSC社群讀書引導術，看到的是實務淬鍊後的精闢理解。除了滿滿實務心法外，更實用的是書中提出建立社群的四步法與各種類型讀書會的運營方法、領讀人的養成等，這些都是無數次「書粉聯盟」運作或是企業推導的實務經驗精華萃取。

透過這個進擊版的學習新型態，我們得到了共讀的力量，讓人有感！學習因為應用提升了價值，分享與共創正同步擴散，加倍精彩！所有熱愛學習的朋友，都將是共讀學習的倡導者，更會是道道地地的實踐者！

【推薦序】

從共讀開始，建立自己的讀書會

鄭俊德（閱讀人創辦人）

當你拿起這本書，我想你一定很好奇什麼是共讀？明明自己讀書比較快，共讀不是很沒效率？

當然也有可能你一直期待可以與別人共讀，但你一直找不到這樣的團體，或是想舉辦也不知道該從哪裡開始？

不久前，剛好有個朋友問我相關問題，他想知道有什麼方法可以幫助自己看書更有動力，看完還能夠活用書中的道理？我告訴他，最快的方法是去參加讀書會，這兩個問題就都解決了。因為與別人一起讀書，有目標、有進度、有承諾，你一定會有動力學習；另外知識交流本身就是活用知識的過程，當你與別人分享的同時，你正在練習從中找到與工作結合的可能性。

他聽完很開心，但也皺起眉頭來，「你可以幫我介紹這樣的讀書會嗎？」

要找讀書會其實不難，網路搜尋就可以找到各式各樣的實體讀書會及網路讀書會。先前Cheers 雜誌就曾做過全台的讀書會調查，台灣實體讀書會型式五花八門，從商業、公益、學習都有。

在此，我極力推薦大家參加本書作者揚程兄籌辦的「書粉聯盟」。該讀書會聯盟是由八十個讀書會所組成的社群，定期舉辦大會，共同成長，以共讀的團體合作模式，創造新型態的學習夥伴聚落。

如果談到虛擬的網路讀書會，目前台灣最大網路讀書會應該是「閱讀人同學會」，有好幾萬人的規模，秉持一本書就是一場讀書會的概念，透過心得分享、留言互動的方式進行，每週有兩百本以上各類書籍，在線上進行討論分享。

「我可以自己舉辦讀書會嗎？會不會很難？」朋友問著。

「自己舉辦讀書會需要做點功課，你覺得讀書會需要哪些元素？」

「我想應該找一群有共同興趣的人、適合的場地、方便的時間、合宜的餐點、要討論的書……有這些應該就差不多了吧！」

「你都知道嘛！那你在猶豫什麼？是不是還缺了什麼？」

「還缺帶領的人以及流程，這應該是組成讀書會最難的部分！」

「讀書會的框架其實和辦活動相似，但是要把讀書會辦得精彩，內容與流程很重要！」

「我該怎麼做呢？」

如果你也想要了解該如何帶領一個優質的讀書會，而不只是一群人讀一本書，那麼你現在拿起的這本書《共讀的力量》中，就有你需要的所有答案。

這裡也分享閱讀本書小祕訣，如果想要快速閱讀上手，可以參考書中每節作者用心整理的重點回顧，讀重點也是閱讀及共讀的技巧之一。

我也從本書中消化整理了我的學習，如果用一個問題導引出我的答案，我想這個問題正是很多人想知道的第一步：如果想要快速籌辦屬於自己的讀書會，應該怎麼做？

除了找好場地、排定眾人都能參加的時間之外，以下為重點建議：

一、先從三到五人小型讀書會開始練習。

二、選定與參與者生活、未來有關的主題。

三、設定時間進行共讀以及問題討論。

等。

四、最後透過心得總結出共創新經驗。

這是我整理出來最簡單的讀書會形式。當然書中也為大家整理了帶領讀書會流程的九大技法，可以讓你的讀書會有更多精彩的討論互動，例如 World Café、心智圖法和便利貼法等等。

讀書會是連結知識與時間最有效的橋梁，當然更可以打開自我人脈，並練習更多口語表達、邏輯思考，這些都是單靠自己一個人讀書做不到的。

每個人都應該有一個自己的讀書會，這本《共讀的力量》會是幫助你開始的關鍵！

目錄

第四章 領讀人必學的讀書會九大技法

第一章

在知識渴求的時代，你我都迫切需要社群讀書會

一個人讀書是學習，一群人讀書是創造

兼顧學習與創造，新時代的超強學習術

你聽過「羅輯思維」嗎？這是一個頗負盛名的知識型網路脫口秀。創辦人「羅胖」羅振宇，是一個讀書學習力極強的說書人，透過固定播放的網路影片，針對不同領域的知識，做各種整理、比較、引述與擷取，再用輕鬆幽默的言語，讓所有觀眾都能輕輕鬆鬆吸收相關知識。

他的節目在很短的時間內快速竄紅，但也讓許多人生出了「知識恐慌」。隨後發展起來的是眾多知識平台，例如「得到」、「樊登」、「知乎」和「喜馬拉雅」等等。這些知識平台的產生，主要源於現實生活中資訊爆量，而每個人都渴望能夠掌握最新知識，學習更多、了解更深。雖然這些知識付費平台主要集中於中國，但它們的影響力強大。通常，它們以線上知識學習的方式，提供使用者不同主題、不同領域的知識訊息，舉凡商業、人文、史地、科學、生物、國學、外語等等，幾乎無所不包。它們緩解了學習者對於知識貧乏所產生的恐

慌，而隨著線上平台的方興未艾，線下社群的學習也應運而生。

我所提倡的社群讀書會，正是現今線下社群學習中最重要也是最有效的一環。

社群讀書會與傳統讀書會的差異

乍聽「社群讀書會」這個名詞，許多人或許覺得既熟悉又奇怪，因為從學生時代開始，我們就多多少少接觸過讀書會團體，不管是因興趣相同而舉行的讀書會，或是在學校時，有志於學習的同學彼此結成的學習組織，或者是耳熟能詳的親子讀書會、校園讀書會等等，讀書會這樣的組織對每個人來說都不陌生。坊間有許多行之有年，體制成熟的讀書會，成績有目共睹。那麼，我所提倡的社群讀書會與傳統讀書會之間，又有什麼差別呢？

總括來說，傳統讀書會以「聚焦」與「求知」為主要的效益。整體活動模式是一群人因為一本書聚集在一起，共同探討書中知識，企圖透過彼此相互支持的氛圍，強化投入讀書學習的動力。

而社群讀書會則是以人為核心，以書為載體，以「分享」與「應用」為出發點，透過引

RSCN，社群讀書會的核心價值

導，參與者不僅得到書中知識，更結合眾人觀點、生命經驗，共同思索、創造出實踐的方式。

讓每個人獲得不只一本書的知識，而是眾人的群眾智慧，讓知識的實踐與客觀性更趨向於真實世界的真理，是社群讀書會與傳統讀書會最大的差異。

那我們該如何把傳統讀書會進化成社群讀書會呢？透過RSCN的應用，可以將社群讀書的過程，以系統化、流程化的方式，逐步帶領參與者達到知識創新。

簡單來說，所謂RSCN，就

是共讀（Reading）、分享、（Sharing）、共創（Creating）和網路（Networking），這是社群讀書會的核心價值。

共讀（Reading）：為了共同的目的一起學習的夥伴模式

每一個人對於閱讀的偏好都不同，之所以會有差異，主要在於個人生命體驗不同，構築而成的思考方式也不一樣，最終決定我們不同的喜好。所以在能夠選擇的範圍，人們總是會不自覺地去選擇自己所喜愛的書籍閱讀。

但這種偏好選擇容易產生「同溫層效益」，無法朝向更廣大的領域發展，用更全面的視角與觀點來看清知識的全貌。

而社群讀書會的共讀要點正在於打破僵化的同溫層。當一群人共讀一本書的時候，每個人閱讀的內容，不再是全書，而是透過個別篇章來切入。又因為切入點不同，經過個人解讀所得出來的想法也不一樣。

但如此閱讀也可能導致因為個人視角和觀點不同，解讀和想法過於偏頗。為了解決偏頗問題，在共讀的過程中，同一章節至少會分派兩位到多名參與者一起閱讀，如此一來，在解讀書中內容時，眾人討論、思考互相牽制也互相激盪，不至於偏離主題。這就是共讀的第一步。

共讀之後，還必須透過引導的方式，將閱讀的結果做出系統化歸納，幫助參與者聚焦書籍重點，完整領會內容。

分享（Sharing）：透過社群分享，獲得知識創新

透過社群分享，經常可以發現，即使面對相同議題、事件，不同的人因為不同的人生經歷、產業知識，表現出的反應、思考、結論都截然不同，而當他們將自身的解讀分享出來，無私貢獻給彼此時，透過意見交流、彼此激盪，可以創造出極為精采的成果。

這就是社群讀書會的分享主旨。所謂分享，不只是分享書籍內容和知識，更關注於人本身。在這個階段，引導者要如何讓每個人都能做出有效的分享，將成為社群讀書會成敗的關鍵。

簡單來說，引導分享分為四個階段：

理解：透過閱讀書籍內容，解讀書中講述的概念。

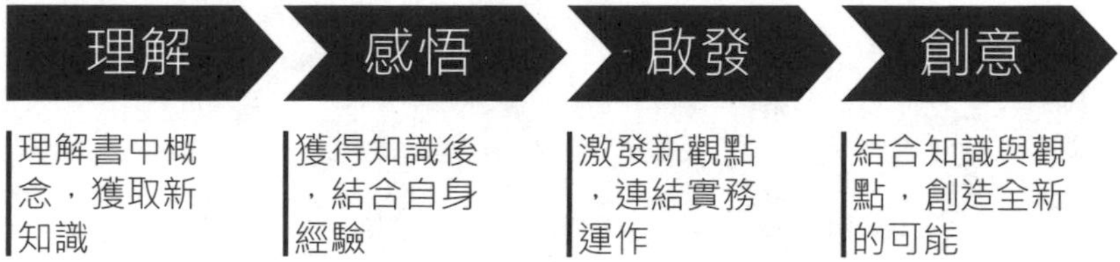
理解
感悟
啟發
創意
理解書中概念，獲取新知識
獲得知識後，結合自身經驗
激發新觀點，連結實務運作
結合知識與觀點，創造全新的可能

引導分享的四個階段

感悟：理解書中內容，結合自身經驗與知識，生成個人觀點。

啟發：完成閱讀後，激發未曾想到的新觀點。

創想：結合書中知識與新觀點，延伸創造出新的可能。

每個讀書會參與者的人生智慧，就像是一個又一個精采的故事，其中包括了成功與失敗的經驗。而透過社群共讀、共同分享，我們可以分享彼此不同的經驗智慧。

共創（Creating）：學習的目的不是知道而是做到

網路時代，幾乎你所有能想像得到的問題，都可以透過網路搜尋取得答案。但當獲取訊息的成本如此低廉，隨手一滑就能知道天下事的時候，學習的重點已經不在於「知道多少」，而是「能做到多少」。然而從知道轉向應用，是學習上的一大難關。

從「知道」到「做到」

我過去二十五年從事培訓行業，一直不斷研究如何讓學習轉變成認知，並落實在行為上。我發現，要彌補「知道」與「做到」之間的落差，最有效的方法是在獲得新知識後，就要立刻思考該如何應用。

思考的過程，會令人重新回憶起剛才學習時得到的收穫，並進一步與個人經驗相連結，透過群眾智慧做為引導，討論如何行動，這會大幅提高做到的可能性，也能創造出學習的轉化率。

所以我們必須在讀書會的最後一個環節，透過共創，彌補知道與做到之間的落差。

網路（Networking）：創建軍師聯盟

不管是在企業組織以外，或是企業組織內部的社群讀書會，都等同於你專屬的智囊團。

當學習從單純的書籍內容，轉而與人際網路相結合，並以讀書會形式為載體時，將跳脫以往單向傳遞訊息的溝通或培訓，成為企業知識創新的主要驅動力。

當年我選擇獨立出來創業，就知道此後再也沒有老闆和主管會指導我，無論遇到任何問題，都必須自行解決。為了彌補指導上的需求，我透過成立讀書會的方式，利用社群學習，讓自己在人生的選擇上建立起更清晰的信念。

社群讀書會因為具有強烈的多元性，不僅為參與者創造知識，更能讓你看到不同的未來。多元性的來源，在於參與者眾多，有跨領域屬性，讓我們能從原有的領域擴展出去，結合不同行業、生活的知識經驗，跳脫既有的認知框架，翻轉思考。

人生難免遭遇挑戰與問題，你需要一群軍師，與你一起面對難關，解決問題，迎接挑戰。所以每個人都該擁有自己的讀書會，你所屬的讀書會就是你的「軍師聯盟」。

本節重點回顧

- 社群讀書會是以人為核心，以書為載體，從「分享」與「應用」為出發，透過引導，讓參與者不僅得到書中知識，更結合眾人觀點、生命經驗，共同思索，創造出實踐的方式。
- 社群讀書會的核心價值在於：共讀（Reading）、分享、（Sharing）、共創（Creating）、網路（Networking）。

社群讀書會五大價值

兩岸百大企業都在推行的新形態組織學習法

近年來兩岸讀書會熱潮方興未艾，許多知名企業，如台灣的友達光電、中國的百度、中國電信等等，都在企業內部推廣讀書會。

為什麼這個過去頂多作為同好交流、學習的組織，如今卻成為企業推動組織學習的寵兒？根據歸納整理，我總結出讀書會具有五大價值特色，分別是知識創新、翻轉自學、文化落地、社群黏性與軍師聯盟。

一、引導企業「知識創新」

多數人對於企業知識管理的認知，不外乎是「把公司最厲害的知識儲存起來」。例如寫一份SOP流程需知，讓員工能夠快速掌握提升業績的基礎知識。

然而知識管理的真正目的在於交流，也就是所謂的「知識碰撞」，其中最有效的做法是透過分享，讓每個人不僅知道自己所知道的，還能透過其他人的反饋及分享，創造新的知識連結，令原本沒有交集的知識，透過不同視角產生新的可能性，最終達到知識創新。

創新大師克里斯汀生在《創新的兩難》（*The Innovator's Dilemma*）一書中曾提到：「一個機構的能力體現在其流程和價值觀中，而且正是構成當前業務模式核心能力的流程和價值觀，決定了它們無力應對市場的破壞性變化。」這也呼應了企業的生命週期遲早會面臨極限，接著逐步淡出主流市場，被新進者取代。

換言之，只有當企業擁有創新的動能，才能持續推展新產品與服務，以此繼續締造第二成長曲線，帶整體動業務的持續增長，協助企業有更好的競爭力。

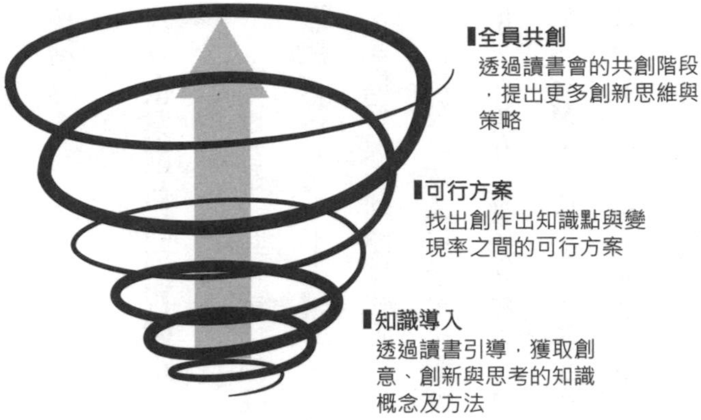
全員共創
透過讀書會的共創階段，提出更多創新思維與策略
可行方案
找出創作出知識點與變現率之間的可行方案
知識導入
透過讀書引導，獲取創意、創新與思考的知識概念及方法

百度的知識創新

促使速度決勝的增長需求

創新的根本在於企業是否具有創新的環境。一個企業之所以能夠醞釀出創新的環境，在於企業內部有良好的創新孵化氛圍，除了制度設計、管理層支持之外，促使創新的另一種可能是在企業內部創立學習團體。

眾所皆知，百度搜尋引擎是中國著名的搜尋網站，幾乎獨霸中國市場。而百度也正不遺餘力地在企業內部推行讀書會組織。

為什麼這樣一個位處該產業龍頭的企業，仍不斷推行企業內部學習團體？最主要原因在於網路競爭市場的嚴苛競爭與快速淘汰，即使此刻位居龍頭寶座，但只要進步速度稍緩，立刻會遭淘汰。大環境的競爭逼使公司不斷成長。因此每家網路企業都在思考：該怎麼樣才能確保自己的不敗地位？

百度試著透過知識創新，培植企業內部具有更強效的動力，從而創新業務，帶領公司持續增長。

建立企業創新的學習網路

讀書會是一套企業或組織內部知識交流、知識共創、知識創新、業務創新的流程。它不僅是大家一起坐下來讀書，更是透過集眾人之力讀書，有效率地將知識從書中撿擇出來，讓每一個參與者都能完整吸收。

但吸收知識只是一般讀書會的目標，社群讀書會真正終極目標除了學習，還要把所學轉化，運用在企業的業務上，最終提高公司的GMV。所謂的GMV，就是提高公司的轉換率（GMV，Gross Merchandise Volume，指網站的成交金額，包括付款金額和未付款。GMV＝銷售額＋取消訂單金額＋拒收訂單金額＋退貨訂單金額）。

在此我提出的有效轉換工具，就是「RSC社群讀書引導術」。它最大的優勢是有效將新知識點結合個人經驗，實際應用在企業的創新業務中。也就是說，這是一套能夠有效達到交流共享的技巧，可以開展各部門訊息，透過交流模式，達到群眾分享，帶動整體企業發展。

二、「翻轉自學」的最佳利器

社群讀書除了可運用在加強企業轉換率之外，第二個功能是翻轉自學。

在企業裡想要培育人才，最好的方式是 Individual，透過個人化學習精益求精。企業中，經理級管理人才與基層員工所需要具備的知識與學習內容截然不同，即使是兩個同樣層級的主管，因屬性不同，不可能接受相同的培訓。但從企業的角度而言，資源有限，又想要達到個人化的培訓，頗為困難。

通常大部分企業所能做到的培訓，是針對不同等級的員工進行不同層級的教育訓練。然而這麼做很難達到「客製化」的效果。因此對許多員工而言，公司的培訓課程可有可無，即使上完了課程，也未必每一個人都能用得到。到最後員工培訓經常只是為了轉正、升遷所設置的關卡，流於虛應故事。

而ＲＳＣ社群讀書引導術，則是一套能夠提供個性化、針對性，可以量身訂做的學習培訓方法。不僅顧及所有參與者的共通學習需求，更能因應部門所需、企業任務，訓練員工學習特定主題的知識，製作出相關學習設計。

此外ＲＳＣ社群讀書引導術中設定的共享、共創階段，能夠促使參與者透過團體知識交流，達到效率精進的目標，並能實際解決問題。這樣的學習實踐，有助於大企業對員工進行個人化培訓。

超越傳統培訓體制，滿足個人化學習需求

中國電信是一家總員工數達三十五萬人之多，設點覆蓋全中國的超大型企業。為了同時推動三十五萬名員工朝營利與精進上前進，公司的培訓體制非常健全。

然而正因為培訓體制健全，該企業上從主管，下到基層，所有員工都把學習主動權轉移給了公司。這是因為中國電信的培訓制度採課程制進行。以經理晉升總監為例，按規定必須上滿二十門基本課程。當經理按部就班完成課程，自然得到晉升。

然而課程式體制容易讓員工養成依賴性。以上述想要晉升總監的經理來說，他很自然覺

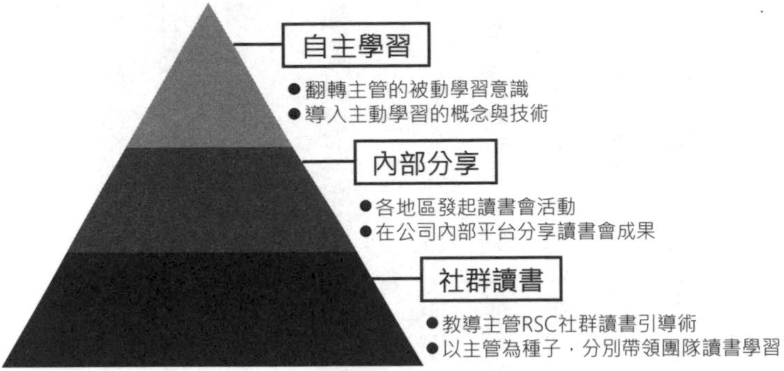

中國電信的翻轉自學

得「只要我能完成公司指派的二十堂課，就具備了當總監的能力」。這種想法發展到後來，反而扼殺員工自我學習的主動性。因為每個人都覺得，既然公司人力資源部門已經安排了學習計畫，照辦即可，至於不在公司規畫中的知識或技能，也不用特意學習。

但如果員工認為自己與學習無關，只聽從他人安排，就不會期望個人有所成長，眼界、思考等方面都因此受限，更談不到突破或創新。

此外像中國電信這種體制龐大、員工眾多，據點遍及大江南北，在不同地區、城市都有設點的公司，即使是相同屬性與層級的員工，在不同環境所面臨的問題可能完全不同，應變方法也有千百種。如此多變的可能性下，很難只透過幾堂制式課程、一兩套方法適用全體。

超級企業更需要的是滿足個人化需求，而RSC社群讀書引導術，能完全滿足它們因地、因時、因人甚至是因個案、各單位不同需求目標而調整的學習。

中國電信在多方考慮之下，決定引用RSC社群讀書引導術，先教導主管學習創建、引導讀書會的技巧，然後層層推廣，由各地主管領軍，分別帶領當地部門、據點員工成立讀書會，在企業內部將學習組織徹底推展開來。

強調滿足三層需求的學習設計

但想要透過社群讀書會解決企業內部個人化學習困境，必須採用翻轉式的學習設計。這種學習設計牽涉到三層架構：

第一層：地域需求

考量地域不同，在文化、知識，與當地人才發展等要素，結合地方需求。

第二層：階層需求

藉由分析未來組織發展，設定需求配置。例如預設未來業務將增長兩倍，因此需要增加相關技術人員數量、中層幹部數量。

第一層
地域需求
從各地域化來做需求、文化、知識，等當地人才發展上，共通與當地的需求連結。
第二層
階層需求
分析未來組織發展，來做需求配置，例如未來業務增長兩倍，需要多少技術人員、多少中層幹部來分析。
第三層
個人需求
從地域接地性，與組織發展所需要的階層需求，從個人已經具備，以及有基礎架構認知的需要學習，還有從零開始的學習，來做學習需求的分布配置。

讀書會的三層需求設計

第三層：個人需求

透過在地化與企業、團體發展所需要的階層需求，考量個人已經具備及既有基礎架構認知學習的需要，針對必須從零開始的技能培養，設定逐步學習需求。

除針對個人化的學習之外，還必須從任務視角，也就是針對問題來做學習需求的引導。所以首先應該對不同層級即將面對的挑戰與任務，配置出應具有的知識學習點，激發團隊思考與創新。

而社群讀書會除了透過大家一起共讀，學習知識之外，也必須思考如何提高面對問題時的解決能力。才能在吸收資訊、學習新知後，解析現況面臨的問題。這樣的社群讀書流程，是能夠兼顧個人化需求，自主學習、主動解決問題的訓練。這也就是翻轉自學的目的——把學習的主動權，交還給學習者。

透過RSC社群讀書引導術，我們可以開啟個人與所屬團隊的自主學習力，因應自身學習需求，鍛鍊出解決問題的能力。

三、透過社群讀書會達到「文化落地」

RSC社群讀書引導術的第三個目標是協助企業，讓企業文化發生實際效用。

過去企業總是想快速建立自己的企業文化。企業文化的根源是企業核心價值，這通常是一些概念性或態度性的意念，譬如說熱情、正直、當責等等的價值觀。這些價值觀多與個人內在的信念有關，與我們今日期望提升的創新能力、溝通能力、具體且可以執行的技術，以及相對應的流程與知識結構有差異。因此想要令員工接受這些價值觀，必須先讓員工認同這些價值。

社群讀書會的出現，正可以協助公司、團體組織，讓企業、組織文化實在發生效用，例如我就曾協助台灣的友達光電推動落實該企業的「當責」文化。

友達光電推動「當責」企業文化

友達當時面臨企業轉型，董事長認為轉型要見效必須從企業文化做起，因此推動讀書會成為改造企業文化底蘊至關重要的一步。友達全球員工數約四萬二千人，除了基層現場作業員外，其他將近一萬三千名的員工被設定為必須優先了解文化轉型的對象。而如何讓所有人共讀一本書，透過讀書會理解當責概念，成為當時協助友達企業文化轉型最重要的課題。在挑選出合適的書籍後，友達啟動一系列流程，包括了幾個步驟：領讀人訓練、漸進式參與、凝聚群眾智慧、促成組織改變。

第一步：領讀人訓練

作為指導者，我帶領一群即將擔任讀書會組長與領讀人的高階主管們學習應用RSC社群讀書引導術。回去之後，由他們分別帶領部門中階主管們展開為期兩個月的讀書會。

第二步：漸進式參與

友達光電推動企業文化

由於人數眾多，友達依序前述模式，由中高階主管開始運作單位內的讀書會，然後才逐步推廣至全球基層主管與一般員工們進行共讀，耗時十三個月帶領一萬三千名員工共同讀完當責一書。

第三步：凝聚群眾智慧

友達更將四次讀書會最後共創（Creating）階段所產出的八百多項意見，分類為四大議題。並邀請高階主管們共同參與，展開「世界咖啡館（World Café）」（該技法詳見本書第四章）。由董事長帶領，共同討論，最後，歸納出一百多項落實當責文化的行動方案。

第四步：促成組織改變

為了讓世界咖啡館產生的具體方案施行順利，設置專屬組織追蹤進度，也傳遞全體員工公司全面推動當責文化的決心。

企業文化的建立，不只是從上到下的傳遞，透過社群讀書會的操作，以書為載體，讓大家圍繞這議題，以及渴望獲得的成果，進行團體分享與交流。藉此讓每個參與者都意識到，企業文化不僅是一種規定，而是共同參與、共同創造的成果，這也就形成了對文化價值觀的認同感。

四、透過社群讀書創造「社群黏著度」

近幾年，幾乎人人都發現O2O社群成為新的入口網站。以往人們是透過搜尋引擎來尋找所需要的資訊，或是透過電商去找尋需要的商品。但是當電商數量呈現爆炸性增長時，人們已經沒有辦法透過電商與搜尋引擎，找到真正適合自己的東西。譬如說，今天你想去電子商務網站選擇你要的產品，但頁面卻出現大量類似、相近的商品，身為消費者，你很難從這些資訊中找出真正適合的目標，不然也得花費大量時間在交叉比對。

通常人們會信任自己信任的朋友、媒體、管道推薦，作為購買的依據，因為我們認定其他人已經協助過濾掉不好的訊息，而將最有效的商品推薦給自己。

換言之，今日的消費者通常在與自己有關的群組裡進行選擇。比如說：讀書群組、運動群組、美食消費群組、裝潢修繕群組等等。在擁有相同嗜好、興趣或需求而聚集的群組中，成員購買意願往往比較高。

於是主題社群成為目標族群的聚集地。許多人會因為群組中的朋友、同好推薦而買單。從此可知，關係的建立通常是基於共同主題的需求，同時群體內有一定程度的信任感，如此一來，消費者就是推薦者，而社群也成為實體交易的入口。

讓消費者購買、讓用戶購買的這個網路群組，也就成為真正的入口網站。這就是所謂的O2O社群。

O2O社群的組成，與社群讀書會有什麼關係呢？對於主辦者來說，可以透過主題定位，或結合個人能力專長等基礎，讓讀書會不僅是大家一起共讀的社群，更是一個線上社群的入口網站。

四步建立超強社群

首先想要建立社群的第一步是要有足夠「粉絲」，也就是成員。具有足夠成員數量，才能創造出強大的變現能力。也可以說，成員數量以及凝聚力的高低，都會影響社群裡的成員能否提供變現的可能。

然而無論多大多強的社群，想要走到變現的境界，都必須有一個絕對前提：信任！一旦社群內部缺乏信任，即便該社群擁有再多成員，或是主辦者能進行再多的變現操作，最終都只是空談。

步驟一：線上好吸粉

臉書、Line、微信等等平台，都是組成網路社群的媒介。透過這些平台，我們可以組出屬於自己的社交場合，或是學習場所。

譬如說，倘若你是一位講師或是公眾人物，便可透過分享個人課程或相關網路服務，吸收成員。作為講師，你可以把 QR code 放在影片中，讓有興趣的人主動加入已設立的群組，創造出一個對外的連結點。

步驟二：線下能保粉

使用臉書的人經常會有以下這種情況：同時關注各種各樣的許多社團或粉絲團，有關於生活的、消費的、提升工作技能與學習的，各種各樣，可是扣除與工作相關，或與生活娛樂、喜好相關的社團群組，其他真正還能保持密切斷關注的群組，大概不超過五個。

為什麼人會持續關注一個與自己生活、工作和喜好並不完全相關的群組、社團？最常見的主要原因在於，這些社團同時具有線上與線下的活動，並曾與之發生連結、有關係，產生感情。所以促使人持續關注，或是期待有機會去參加活動。

步驟三：彼此換粉

在建立了社群之後，可以透過不同社群的群主交流，創造機會，彼此「換粉」。此作法的用意在於讓每個人察覺自身不同層面的需求。例如用餐可能會去高級餐廳吃飯，但也會有在一般餐館、路邊攤吃飯的機會。每個人不同層次的需求，必須要有不同群組來滿足這些潛在的發展可能。這也可以說，你同時是在服務社群中的成員。

試想一下，做為一個成功的社群管理者，你要如何去經營自己的社群、服務你的成員，維繫你的客戶？O2O社群的操作，就是活得像一個人。成員們基於對社群的信任感，以及線下活動的連結，產生凝聚力，相信你能夠帶給他們最好、最真的服務。

步驟四：能夠變現

當你的社群壯大到有足夠的規模，或者社群信任度很高，才有能力實行變現。如果在這之前沒辦法給予用戶足夠的信賴感，人們就會逐漸遠離，尋找更值得信賴的社群加入。

因此在經營社群時，你就代表一個品牌。任何行為操作，都會影響人們對你的觀感。你

建立社群的四步

必須吸引其他人加入社群，並定期做社群的品牌活動，好維持整體社群的動能。

知蜜O2O社群的黏性操作

很多社群經營都有它基本入手的方式，譬如品酒會、品茶會和讀書會。酒會與茶會所需要的成本較高，最有效的選擇是讀書會。因為是讀書會性質，主辦者可以很容易推動線下活動，提高社群與粉絲之間的黏著度與活絡程度。

譬如說，北京的「知蜜」女性創業社群，就是一個很好的例子。知蜜是北京最大的女性網路社群，它之所以選擇導入社群讀書會，主要原因在於雖然線上有將近五萬名成員，但經營團隊希望加強與成員之間更好的互動連結，於是透過讀書會增加成員對社群的關注度與黏著度，以線下活動強化彼此間的關係。

五、讀書社群是你的專屬「軍師聯盟」

我認為每一個人都該擁有一個自己的讀書會，無論是工作或是生活，你所屬的讀書會就是你專屬的的「軍師聯盟」。

前面我曾說過，許多年前當我選擇出來自行創業時，就發現這一路上不會再有主管或老闆加以協助、指導，或者給予命令。凡碰到問題，都需要自己想方設法解決。為了彌補指引解惑的需要，當時我透過成立讀書會，結合群體智慧，幫助自己在人生的選擇上有更清晰的信念。

在學習領域裡，有一個七〇、二〇、一〇的學習法則：一個人一〇%的學習資源，是來自於所屬公司、企業的培訓課程，另外二〇%是透過公司主管、長官給予的指導。而最主要

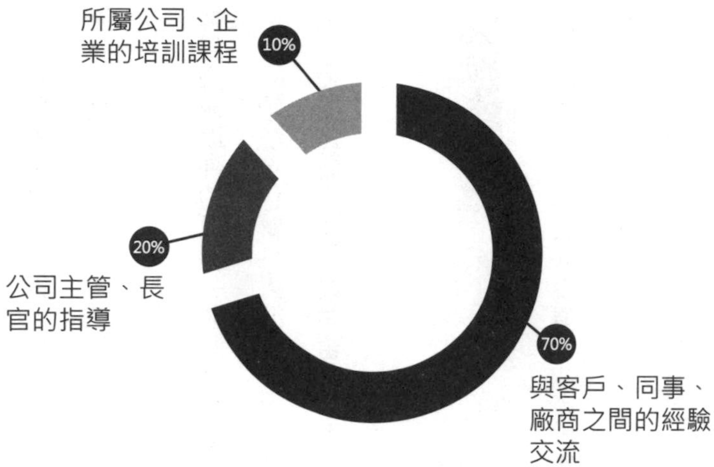

職場上的 70、20、10 學習法則

的學習來源，則在來自於每天跟同事、客戶、廠商之間的經驗交流，這整整佔據了七〇%的學習成果。這種學習方法又稱為「社會化學習」。

我之所以提倡每個人都建立屬於自己的讀書會，最主要的原因，是為了讓每個人能針對自己最需要的課題，建立一個屬於自己的軍師聯盟。透過這個讀書社群，你將擁有跨界學習的能力，並透過群體的智慧，協助自己面對更多工作或生活上的挑戰。藉由不同觀點、不同視角，看待事物，尋找解決問題的方法。

我自行創業時對創業相關訊息非常有興趣，所以召集了一群與創業相關的夥伴，一起成立了讀書會，並將這個讀書會命名為「3S

讀書會」，大部分成員同屬創業圈，或是剛創業者，以及渴望創業需要協助的人。

我們固定聚會讀書，也一起討論關於創業相關的書籍，尋找更有效的變現方式、業務創新。久而久之，讀書會的成員就成為了彼此的軍師。

這麼做的好處是，除了正在創業的公司以外，我等同另外打造了一個軍師團隊，藉此能得到公司以外的建議，並能借鑒他人的經驗。透過讀書會所建立起的軍師聯盟，我引入外界不同的想法，也讓外人能夠給予一些旁觀者清的看法。

人生有很多挑戰與問題，你不必獨自面對，你可以尋找一群軍師與你一起解決。

本節重點回顧

- 社群讀書會的五大價值：知識創新、翻轉自學、文化落地、社群黏性、軍師聯盟
- RSC社群讀書引導術，可以因應企業內部部門所需或企業任務，訓練員工學習特定主題的知識，並做出相關的學習設計。
- 傳統企業透過體驗課程，推廣企業文化，但缺點在於時間成本過高，且容易適應不良。

- 建立堅實網路社群的四個步驟：線上好吸粉→線下能保粉→彼此換粉→能夠變現。
- 社會化學習：一〇%的學習來自於所屬公司、企業的培訓課程；二〇%是透過公司主管、長官給予的指導；七〇%來自於每天跟同事、客戶、廠商之間的經驗交流。

讀書會的無限種可能，從「自娛娛人」走向「自媒體」

上一節談到兩岸企業紛紛舉辦內部讀書會的原因，和企業舉辦讀書會的種種好處，或許會讓讀者覺得「辦讀書會是企業的事」，其實並非如此。自從我成立「書粉聯盟」後，很多前來學習RSC社群讀書引導術和讀書會營運的學員，並非公司行號員工而是個人。

通常來上課的學員，都會詢問一個問題：「為什麼那麼多人都想成立自己的讀書會？成立讀書可以賺錢嗎？要怎麼營利呢？」

如果你也抱持著想要透過讀書會賺錢的想法，我可以直接回答：「你就別浪費這個時間了。」

二十五年我來觀察兩岸各種讀書會模式，發現企業辦讀書會有它們期望推廣企業文化、改革教育訓練方面的需求，但對於個人來說，想要透過線下讀書會取得可觀收入、成立公司或籌組商業營利模式，那是不可能的，它只可以是某種商業模式的手段或營銷方式。

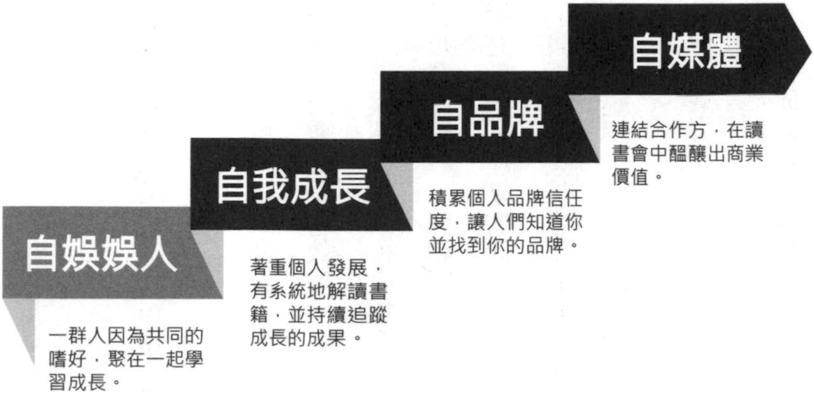
自媒體
連結合作方，在讀書會中醞釀出商業價值。
自品牌
積累個人品牌信任度，讓人們知道你並找到你的品牌。
自我成長
著重個人發展，有系統地解讀書籍，並持續追蹤成長的成果。
自娛娛人
一群人因為共同的嗜好，聚在一起學習成長。

讀書會成立的四大發展優勢

可是讀書會除了營利之外，確實提供各種好處。總結個人讀書會主要能提供的四大發展可能，分別是：

優勢一：自娛娛人

讓一群人因為共同嗜好，聚在一起學習成長。

優勢二：自我成長

在個人發展上，有系統解讀書籍，並持續追蹤成長成果。

優勢三：自品牌

積累個人品牌信任度。讓人們知道你、找到你的品牌。

優勢四：自媒體

與合作方產生聯繫，在讀書會中醞釀出商業價值。

以下針對這四種發展與適用族群作詳盡介紹。

適用於銷售族群與創業者的「自娛娛人」型讀書會

所謂自娛娛人就是「提升社交層次」。希望能找一些好友、同好、同事進行社交的活動，最好同時兼具學習效能。

自娛型態的讀書會特點在於加強與人的「強連結」。我們很容易在特定關係的網路中串聯起聚會組織，例如同學會、校友會等等，但這些連結性偏向短期，很難創造出強連結。要能夠創造強連結的活動，最有效的做法就是舉辦讀書會，以書為載體，創造彼此交流的理由，而且能額外獲得書中的知識，這不僅是聚會，更是一種知識上的交流。

自娛娛人型態的讀書會，主要適用於銷售人員與創業者。

銷售者讀書會

為何銷售人員需要組建讀書會？因為銷售的重點在於跟人的連結，並必須成為人際網路中的節點，而以書為參與的議題，能夠讓銷售者以主題書籍為導向，自然連接到業務上，提供相關產品，或是教育顧客。

但過於以銷售業績為導向的讀書會，遲早走向為銷售而銷售，最終不過是「掛羊頭賣狗肉」，反而會對個人、品牌或形象大打折扣，甚至賠上他人對你的信任感。

所以銷售者在組建讀書會的重點並非在銷售業績，而是建立人際關係網。銷售者必須實際產出對參與者有價值、唯有親身參與才能感覺到的收穫，讓彼此之間關係長久，也才能不斷擴大你的讀書會品牌，獲得更多的商機。

創業者讀書會

身為創業者，最重要的事情是「活下去」，以及「持續成長」。所以成立讀書會的目的是維持關係。身為創業者，你可以邀請產業上、下游一起來，定期舉辦讀書會，藉此協助自己找到兩種人：

與你有相同愛好者：讀書會本身就是一種「圈層」的過程，藉由書來圈起與你有相同愛好的人。當舉辦的次數多了，就會發現哪些人也喜歡讀書，再從這些愛好者中，凝結起更強大的合作情感。

潛在合作者：定期舉辦讀書會，有機會能邀請外部合作者來參加，讓創業者能與其他合作廠商產生連結。或藉由讀書會確立品牌形象，容易吸引到其他想要參與讀書會的人。

自娛娛人的讀書會模式，主要價值點在於積累品牌形象。當你做一件事情時，剛開始旁觀者可能抱持懷疑，疑惑你的用心、懷疑你的目的，但持續做下去，時間久了，人們會發現你有多認真。

此外對於渴望創業者來說，經營讀書會也是一種對於自身實力和決心的考驗。假如能夠持續舉辦讀書會，甚至發展壯大規模，基本上你一定擁有某種程度的創業能力。

在我創立的書粉聯盟裡，就有一個以自娛娛人心態成立的讀書會。那是一群中部地區中小企業主所成立的讀書團體。他們本來是一群熱愛品嘗紅酒的酒友，每個星期都會固定聚會品酒。多年過去，有一天酒友們覺得，除了喝酒之外，還想組成一個學習團體，既娛樂也學習，以此提高社交的質量。他們給自己的讀書會取名叫「金魚讀書會」，顧名思義，是取「杯底不可飼金魚」的意思。

總之，自娛娛人層次的讀書會，就是為你原有的聚會，提供另一種聚會的可能。

適用於人資者與理財者的「自我成長」型讀書會

許多人一開始覺得讀書會只是一種學習方式，或認為一個人讀書難以堅持到底，所以找一群人來一起讀書，企圖在讀書的同時，能與朋友、同好互相交流，交換對書中內容的理解、感悟、啟發、創想與心得。

這也呼應我們常說的：「一個人走路比較快，但一群人走路比較遠、比較久。」集合一群人來讀書，顯然更容易堅持。

而追求自我成長，是成立讀書會的過程中非常重要的心態。通常讀書會成立之初都有段蜜月期，你的朋友、同事、家人總在開始時熱情參與，但經過一段時間，人們常會因為各種主客觀原因使然，逐漸喪失熱情和動力，通常在成立三到六個月左右，會突然有段時間參與人數大幅降低。這種時候必須保持正向心態，持續鼓勵自己堅持下去。我就曾碰過有段時間讀書會只有一、兩位夥伴參與，人數奇低，但反而讀出特別的滋味，因為參與人數少，學習交流更密切、閱讀討論的層次也更深。

從讀書會的持續長短，看出個人自我成長

如何判斷一個讀書會踏入自我成長階段，而非停留在自娛娛人的層次？有一個很好的判斷依據——持續時間。

以「書粉聯盟」為例，我們不乏有許多讀書會的壽命不過半年，就面臨終止。但也有些讀書會即便中間暫停一、兩個月，但在後來調整之後，又持續舉辦下去。這時的讀書會已經不再是為了自身娛樂而舉辦，而是找到擁有共同學習需求的一群人，才能重新再開，長久持續。

通常這種學習需求型的讀書會多由兩大類型的人所組成：一類是人力資源者，一類是理財需求者。因為這兩類人在生活或工作上，本身需要了解更新、更有效的知識，因此他們更適合自我成長型的讀書會。

人資讀書會

人力資源管理工作者，當屬企業內部最喜好學習也最有強烈學習動機的族群之一，因為

他們面對的是人、處理的也是人，工作性質處於一個變動性高的領域，必須隨時注意在快速變化的世界裡，企業能否提升競爭力，以因應環境的變化。

所以人資工作者極渴望知道，哪些未來趨勢新知值得學習，並期望接軌全球人力資源發展的動向。也因此人資在舉辦讀書會時，通常會參考兩個核心脈絡：

了解國際企業的人才發展趨勢

過去我們多是透過歐美國家提倡的工業化管理，彙整而成一套人力資源管理體系。但今日另一類以網路為主導的人才發展策略，正孕育出新的體系，許多國際級的人資大書，都翻譯了繁體與簡體中文版，介紹相關訊息。

因此人資更需要舉辦讀書會，透過閱讀這些最新趨勢與發展的書籍，例如《Google用人術》，了解科技如何協助人資更加效率化工作，具有非常重要的意義。

學習者的持續升級

有時我們只關注自身熟知領域的事物，但隨著網際網路不斷影響人們的行為，過去的企業人資只要理解工作相關基本知識，現在的人資更要了解哪些網路平台能夠協助尋找人才、如何透過社群操作凝聚團隊。

透過人資讀書會，可以發現參與者不僅是想透過讀書獲取第一手的知識，更藉由讀書會看到彼此以何種方式運作、有哪些好的可供借鏡，彼此互相學習，最終凝鍊每個人的知識，形成群眾共創，打造人資的梅迪奇效應。

理財讀書會

理財類型的讀書會，參與者主要追求目的自然在於理財。希望透過讀書會，持續掌握最新的理財資訊，並交流彼此的財務狀況、思考自身理財計畫。

對於金融產品與理財業者而言，舉辦讀書會是為了服務有需要的客戶和隱藏客戶。通常在設計上，可以朝下述三種類型出發：

各家理財商品分析

為了讓讀書會的參與者獲得更好的財務規畫，透過分析各家商品，給予投資意見並建立起風險意識。更進階的內容，可以連結到國際市場，建議投資策略，發展全球化投資。

理財的專業知識解析

分析基本的股票、基金、國債等金融商品，並結合國際發展的衝突加以解析。並針對長期性與短期性的投資策略進行比較，說明這兩者對於財務方面的影響。

進行商品教育

商品教育是理財讀書會的另一個重點。人們面對琳瑯滿目的各種金融商品時，往往不知該從何選擇，因此可將舉行讀書會的目的，設定在建構參與者增長財務知識、理解金融商品的風險管控上。

此三種類型的讀書會操作，聚焦在基礎認知的積累。通常可以先設定以理財思維方面的書籍，作為讀書會的核心與發展。在理財思維建立方面，可以選擇《有錢人想的和你不一樣》、《投資最重要的事》、《窮查理的普通常識》；人類經濟發展的基礎原理方面，可以選擇《經濟學原理》、《國富論》等等。

適用於講師和自由工作者的「自品牌」讀書會

所謂的自品牌，是強化個人定位的一種手段。

目前我所創立的「書粉聯盟」，旗下許多幫主們所建立的讀書會都屬於這個層次。他可能是某個領域的知識工作者、企業講師、顧問、教練，或者是創業者，具有非常清晰的專業職位。希望透過讀書會強化個人品牌，讓個人的定位標籤更深刻。

所以這一類讀書會的組建者通常是講師或是自由工作者。他們經營讀書會的目的，是希望透過讀書會管道，讓用戶更加了解自己，並努力累積個人品牌形象，讓潛在需求者發現。

講師讀書會

通常講師舉辦讀書會，需要長期積聚粉絲，所以讀書會定位必須聚焦講師品牌。例如物理講師通常會帶讀《三體》、《時間簡史》、《相對論》這些類型的書籍，從專業著手。

參與者也會因為領讀人的特殊專業，能夠解讀出外行人看不出來的祕辛，因此受吸引而參加這類型的讀書會，作為跨界知識的學習活動。因此此類讀書會的設計，主要考慮「專業性」與「延展性」。

專業性聚焦在專業導讀。例如，「書粉聯盟」中有位幫主專門教導學員如何成為網紅、怎麼運用網路行銷、如何做直播的品牌講師。她所成立的讀書會名為「新網紅讀書會」，顧名思義，帶領大家一起學習如何成為網紅，同時也透過讀書會想讓更多人知道，她是打造直播網紅的專家。

配合專業性無延展性，在選擇閱讀書籍時，她會尋找與自己主題內容相關的書籍，像是《打造超級IP》，從社群經營到品牌內容，解讀如何打造個人品牌，尋找定位下的品牌發展。或是《姿勢決定你是誰》，透過解析特定動作、行為，進而打造出強大的舞台魅力。

這種自品牌為主的讀書會，強調聚焦，並針對領讀人的專業性，導讀書中內容，並結合行為實踐。

另外我認識一位小Ben幫主，他是中小企業、新創企業的顧問師，主要業務幫助企業進行經營與行銷方面的輔導，成立的讀書會名稱為「小企行銷讀書會」。小Ben透過讀書會，強化個人標籤，帶領學員一起學習經營、行銷方面的知識。而讀書會也讓小Ben成為許多中小企業的經營與行銷顧問。

想要加強專業性與延展性，可以透過邀請不同領域的講師共同舉辦活動，以吸引不同的參與者。譬如說，讓兩位不同領域的講師聯合領讀一本書，如此一來，便能立刻打破界限，跨界延展。

自由工作者讀書會

自由工作者在職業工作初期，最大的障礙在於「如何找出需要自己的人」。在商業環境中，除了透過主動接觸來尋找之外，也可以透過被動方式，讓用戶主動找上你。這種行銷活動的操作手法，除了廣告，最有效的方法是建立口碑，尤其親朋好友的推薦更為有效。

對於自由工作者而言，讀書會能夠吸引到需要你的用戶。人們將可以透過讀書會與你聯繫，而當人們想接觸你的時候，便會參加你的讀書會，逐漸成為你的粉絲……品牌形讀書會即是針對這方面，積累出個人品牌價值。

這也就是說，對於自由工作者來說，讀書會是經營自品牌的手法。打造此類讀書會品牌，可從兩方面入手：自主學習、軍師聯盟。

透過自主學習持續精進

身為自由工作者，你是自己的負責人，必須要不斷成長，保有持續學習的動力。組建讀書會有助於協助你定期讀書，吸收新知、創新思維，更能有效加強與其他人溝通、談話的能力。

創造屬於自己的軍師聯盟

透過定期讀書會，邀請他人加入、邀請合作夥伴一起讀書，如此一來，每一個參與者都能成為你的對外接觸管道。同時也可邀請不同人物進行主題分享，因為每個人都是學習典範，都有值得學習之處，透過這種方式，不但可以觀摩學習、檢討改進，也能建立起虛擬團隊，專屬於你的軍師聯盟。

透過此類方式來串連起合作夥伴間的關係網絡、定期了解對方目前的需求、面臨到的狀況與問題，並從中找出個人才能的應用價值，利用讀書會建立起個人的生態服務網。

適用於網紅和作家的「自媒體」讀書會

自媒體的意思，是在建構出自我品牌之後，粉絲、群眾能夠清楚了解你所提供的服務，並認定這個品牌。自媒體以讀書會形式，讓書粉、客戶和朋友利用此一平台，成為粉絲，你也可以透過此一平台和社群，宣揚個人理念、宣傳商品，建立起自我渠道。

透過此渠道建立起的粉絲連結，足以明確並量化忠實粉絲數量，所以透過舉辦自媒體層次的讀書會，可以提升粉絲數量。

通常網紅與作家都希望能運作自媒體型態讀書會，但這兩種讀書會型態，各有不同的發展思路。

網紅讀書會

網紅的核心價值在於透過人與人之間的交流，轉化認同感，形成商業價值。換言之，網紅無論提供什麼樣的商品，都能夠讓粉絲買單，因為粉絲是認同網紅的想法、理念，才會持續死忠支持。所以網紅讀書會通常有兩階段的操作：第一階段，創造黏性；第二階段，專業化變現。

創造黏性

成為網紅一定都有所謂的基礎用戶，也就是基本粉絲。網紅組建讀書會的用意，在於創造強連結。透過分享書籍、閱讀書籍，或是與其他網紅一起解讀書籍，不僅能夠透過閱讀傳遞個人價值；另一方面也吸引到需要解決這方面問題的人，發展「跨界換粉」。

所以網紅必須創造出強連結點，透過連結，與用戶通路接軌。

專業變現

人們之所以會持續關注網紅，是因為網紅提供了粉絲某種價值，也就是提供除知識以外的其他解讀。不僅讓粉絲對自己產生更深層次認識，也連結到更廣的領域，進行跨界連結。變現的展現，可透過書籍分享，提供相對應於生活或工作上的解決之道。例如，一般人因為參加某網紅讀書會，認識新知概念後，得到真實的解決方案，此後成為該網紅的粉絲。

網紅型讀書會通常會透過線下活動，提升線上所不能拓展的黏性。因為線下活動的用意除了創造粉絲黏度外，還可以吸引潛在用戶。

此外透過建立讀書會社群，以書和閱讀分享為名，與粉絲互動交流，可以持續建立起專業的形象，讓粉絲知道該從哪裡尋找到網紅。

作家讀書會

作家需要透過持續規律的創作，積累死忠讀者。線下建立讀書會，可以幫助作家們能夠有效「說書」。

因此，作家經營讀書會的目的不只是協助作家找出個人定位，更以書為載體，梳理書中知識脈絡，並與知識服務相連結，與粉絲創造強連結的關係。

通常自媒體讀書會都會持續創造內容，無論文字、圖片、影片等等，各種型態都有可能。但彼此之間最大的差異在於內容之後的連結。網紅主要期望全面觸及，想透過讀書會找出線上難以接觸到的用戶，並發展一條粉絲能夠直接互動的通路；作家讀書會則是提供說書、解讀書籍，建立起個人的品牌。

因應需求設定讀書會基礎，規畫未來發展

透過讀書會建構社群系統的四種層次，我們可以深入思考，除了這四大目的以外，讀書會還能為你創造什麼樣的影響力？上述的適用職業、基本發展脈絡，主要都是為了建立起與他人之間的聯結關係，差別在於要以哪個層面做為讀書會的運營基礎。例如想要成立私人讀書會，又不想公開讓外人參與，其屬性就是自娛娛人型，在營運細節上，更注重會內成員之間的交流互動。

如果想透過讀書會做長期學習計畫，便屬於自我成長型的讀書會，講求閱讀深度、分享

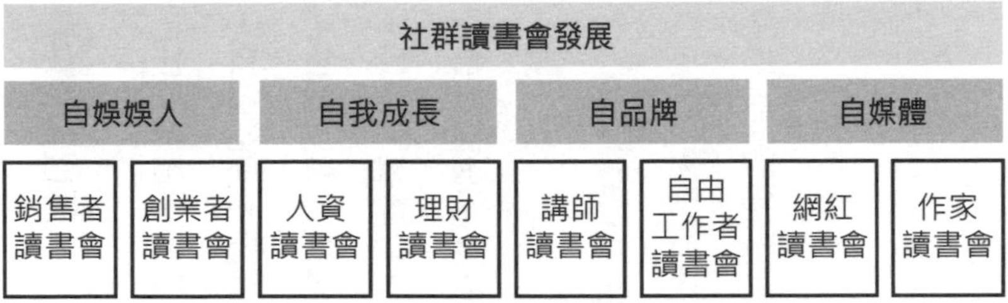

社群讀書會的各種發展可能

共創的應用，更聚焦在行為實踐，並以持續與學習為主導需求。

如果你已經意識到讀書會可以成為品牌，在設計讀書會時就會更發散思考，以參與者的需求做為書籍解讀、領讀的依據，讓參與者感受到你的價值感。這除了積累品牌形象之外，更是建立你與他人之間信任感的連結。

假如營運到最後，能夠吸引到合作廠商，透過讀書會與你進行商業上合作時，讀書會就不只是個人品牌形象，而是進階至商業變現階段。無論是個人導讀上的服務，或者是觸及更多的線下用戶吸粉，讀書會本身已經是與粉絲見面的重要管道。

當然，在讀書會建立之初，我們應該依照個人或事業發展的需求，決定符合個人需求的讀書會，並做完善周密的發展。

從個人發展角度來看，社群讀書會就是建構自己的外腦。運作得好，它將成為你個人或組織的智囊。

本節重點回顧

- 社群讀書會的四種發展可能：自娛娛人、自我成長、自品牌、自媒體。
- 自娛娛人類型讀書會加強人與人之間的強連結，適合銷售者與創業者。
- 自我成長型讀書會強調學習需求，適合人資與理財者。
- 自品牌讀書會強調個人定位，適合講師與自由工作者。
- 自媒體型讀書會主要宣揚個人理念、建立自我渠道，維持與粉絲的黏性，適合網紅和作家。

第二章 使用社群讀書營運術，建立成功的讀書會

每一個人都應該擁有自己的讀書會

成功讀書會的營運祕訣

在第一章中，我們介紹了社群讀書會的各種好處，也期望成立一個好的、成功的、優秀的讀書會，提高參與者的學習深度、持續學習，並期望能夠透過讀書會，形成專屬的「軍師團」，更想透過讀書會的制度，讓組織不斷孕育出創新的知識。但說也奇怪，許多人、企業都覺得讀書會很好，心嚮往之，卻不敢輕易推動，為什麼呢？因為他們擔心會失敗。

我經常在課堂中與學員們思考討論這個問題，後來發現，大家擔憂的原因，不外以下幾點：擔憂領讀人的能力不足、擔心不容易有回報感、擔心參與者之間缺乏有深度和有趣的交流、覺得讀書會的型式單調，不好玩。最多人煩惱的問題是：大家都讀同一本書，意見和想法重複性會不會過高，沒有辦法討論進行下去。仔細想想，這也是台灣讀書會始終沒能成為有效學習方式的原因。

我經常說：「面對問題，問題減少一半；逃避問題，問題增多一倍。」當我們在成立讀

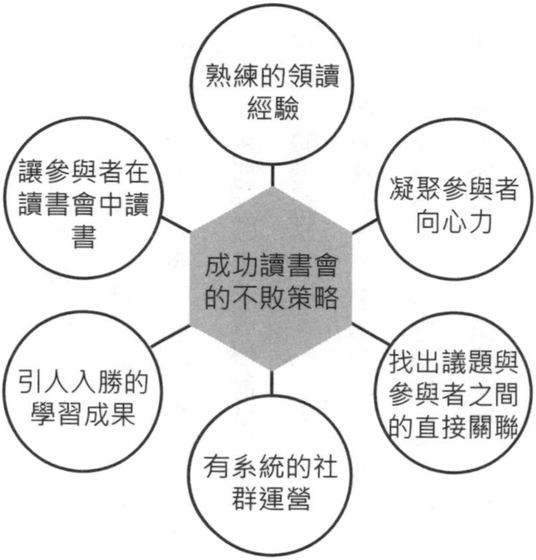

社群讀書會的成功祕訣

書會之前，就要針對上面那些可能會發生的問題，逐一檢討、破解，避免重蹈覆轍。

預演練習，累積熟練領讀經驗

無論你有多少掌控場面的把握，無論你有多少主持會議、上台說話、帶領活動的經驗，我都建議在領導讀書會活動之前，一定要預演再預演、練習再練習，把每一個環節都好好的走過一遍，直到熟練為止。

我曾在某企業進行讀書會推動與領讀人養成計畫，當時碰上一個頗為尷尬的實例。在那場計畫中，我安排每位主管都必須真槍實彈地親自領讀一場讀書會，另外也要求，為了吸引參與者投入，領讀人必須運用各種手段，設計一個令人目光一亮、精采絕倫的開場。

在其中一場讀書會中，擔任領讀人的主管開頭便播放了當時最熱門的電影《復仇者聯盟》片段。漫威電影聲光效果俱全，引人入勝，每一位參與者都聚精會神地看著。但等到影片結束，燈光亮起時，領讀人卻忽然傻住，因為他發現，影片雖然很吸引人，卻與接下來要進行的讀書會主題有很大落差，完全連接不上。

在眾目睽睽之下發生無法接下去的窘境，台上台下都是一片尷尬，但這種「慘劇」並非罕見，而是經常發生。

總結我訓練領讀人的經驗來看，主持讀書會的能力需要經過反覆訓練培養而成的。很多企業主管們經常以為，自己擁有大大小小無數次國內外主持會議、論壇的經驗，有些會議規模很大，在座超過百人，早已熟悉控場和引導，主持一個小小的讀書會，不算是難事。

但主持會議和主持讀書會，性質截然不同，方法也不一樣。

主持會議、研討論壇，是有既定流程順序的。很多會議，參與者事前早就知道要討論什麼、會有怎樣的結果，開會只是走一個過場。但讀書會不一樣，它充滿了變數和意外，就連領讀人也需要充足的事前準備，沒有人一開始就能駕輕就熟。

對於新手領讀人，我會建議，一開始不要奢望馬上就能駕馭十人以上、百人以上的讀書會，而是先找三到五位志同道合的好朋友或同事，建立小型讀書會，實地演練幾場，磨練自己的引導技巧。

為什麼要先找好朋友或同事呢？首先，他們是與你關係密切的人，彼此之間有良好的信任關係，能夠真誠相待，可以說出真心話與天馬行空的想法。

與這些人建立小型讀書會，一方面可以減輕對外尋找參與者的壓力，另一方面，在這幾次小規模的讀書會中，你可以透過朋友、同事的反應和回饋，與讀書會最後的結果，體認、反省自己在引導上的缺失。

除此之外，透過持續性的刻意練習，體認到讀書會的學習成效和實際的創造成果，建立、提升個人自信心。

找出重點主題和價值觀，凝聚參與者向心力

讀書會成立之初最重要的，是先建立它的核心議題。簡單來說，就是先搞清楚「這場讀書會的主題是什麼」、「透過讀書會傳遞何種價值觀」。

如果沒有主題與價值觀，不管號召了多少人參加，都會很快變成散沙。因為當讀書會的主題或價值觀不清楚時，參與者會感覺「這件事與我沒有太多連結」、「我對讀書會主題沒有共鳴」，逐漸喪失參與的動力。

要如何設定讀書會的主題與價值觀？如果一開始你沒有清晰的想法，可以找幾個參與讀書會的核心成員，大家一起思考需要聚焦的主題。參與者可以把這些觀點，分別寫在不同的紙片上，最後一起翻開紙片檢視，找出出現最多次、重複最多的觀點，以此作為建立讀書會的出發點。

譬如說，先前提到小 Ben 幫主所帶領的「小企行銷讀書會」，主要成員是新創產業和小型企業的行銷。他們以工作需求為出發點為讀書會定名。另外還有一個讀書會叫做「新網紅讀書會」，顧名思義，是針對想要透過網路行銷創建自媒體，或想要以直播來作為擴大企

業網路行銷力的人而設。

當讀書會定名的時候，它的主題和價值觀就出現了。所以小企行銷讀書會想要研究探討的書籍，必定會鎖定在創業、行銷方面；而新網紅讀書會想要研究討論的，也一定是以網路商業、行銷和銷售為主的書籍為主。

懷有任務目的，或者為了解決工作問題而生的學習，是最高效的學習方式。所以這一類的讀書會意向明確、態度堅定，也有非常清楚的共識，很容易凝聚讀書會核心成員的向心力，也更聚焦之後要選讀和發展的方向。

另外還有一個方式能夠凝聚團體的向心力——讓讀書會成員都有做決定的機會。

舉例來說，我的「大書讀書會」，固定每半年一次舉辦全員票選，選擇接下來半年所要讀的書。票選制度雖然簡單，但參與投票者都會感覺：這是大家一起舉辦的讀書會，每個人都參與了讀書會的重要運作。這也是讓參與者向團體許下承諾，不但可以強化個人參加讀書會的意願，也凝聚了讀書會成員間的向心力。

找出議題與人和未來之間的直接關係

通常人們之所以會想要去參加讀書會，是因為選讀的書籍，與個人生活或是未來有某種共鳴或能滿足需求。所以我們必須要從參與讀書會的人來思考，在什麼樣的情境下，對方會需要怎樣的需求，然後再根據訴求進行活動規畫。

換句話說，讀書會的過程與討論的結果，必須要能與參與者的生活情境、未來有關。譬如說，如果今天舉辦一場閱讀《模範領導養成》這本書的讀書會，我們會期望參與者除了理解書中的內容，了解書中所談的領導概念之外，還透過彼此分享，聽到、看到、理解到書中內容是如何實用在現實生活中，且實踐後到底有什麼相似與相異之處？還有哪些其他潛在的概念？這些理解，可以幫助參與者未來成為一個好的組織領導者。

所以，如果想要讓讀書會的主題與參與者有關，就要把書中的概念，與參與者的現實生活情境互相連結，並試圖打破時空連結，不只是現在有用，還可以延伸到未來。

企業或組織要想透過讀書會來達到知識創新目的，必須設計議題引導參與者，建立屬於組織內部的「隱性知識」，再與書中新知識融合、連結或創新，從而昇華為顯性知識，成為組織可用的知識創新。

系統性的社群運營

你是不是也有這種經驗？心裡想著要去參加某些知識性的活動，譬如聽講座、安排技術學習，但人一忙起來，只專注於眼前的工作，把其他事情都給忘了。尤其是現在網路、智慧型手機普及，只要一連上網路，就會被海量的資訊給淹沒，這時，一些學習活動訊息也可能被逐漸淡忘掉。

讀書會營運者的責任，就是要適當扮演提醒的角色，向參與者傳達讀書會的訊息。拜網路的便利性，線上提醒就成為必要的手段。

但如果僅僅只是提醒，還是很容易被其他資訊給淹沒，因為當我們只是單純傳遞訊息、提醒對方，性質就跟網路上的眾多廣告訊息一樣。

所以作為讀書會領導者，我們必須更深入思考，如何創造能夠讓人除了注意之外，還能夠記住的訊息。其中的關鍵心法在於「溫度」。當網路上每個人都可以傳遞訊息給對方時，社群中的訊息傳遞，就僅只是訊息傳遞。而「一對一」的訊息溝通（也就是私訊），才是真正能夠傳達到有溫度的互動。如果能讓參與者感覺到，讀書會所發出的訊息不只是單純傳遞資訊，更表現了對個人的重視，這個訊息才有價值。

同樣是一對一的訊息溝通，要怎麼樣達到有溫度的互動呢？其中有一個方式是「說出對方姓名」。名字是人的代稱，在一對一訊息溝通上，開頭就放上對方的姓名，最好用你平時會稱呼對方的方式，不僅讓人感覺這與一般罐頭廣告訊息有所差異，也會感覺被重視。而另一方面，當一個人感覺自己被團體重視時，便逐漸醞釀出對群體的認同感。

製造引人入勝的學習成果

我在主持「大書讀書會」的時候，曾提出一句口號——每月為自己讀一本大書。這個看似簡單的口號，清楚傳達給每個參與者一個訊息：每個月參加一次大書社群讀書會，只要一年的時間，基本上讀超過十本書。不只有你一個人讀書，還與其他人一起共讀。讓讀一本書成為個人經驗與他人經驗的知識碰撞，藉此產生知識創新，最終成為個人的生命智慧。

如果一個讀書會只有純讀書分享，不能讓參與者彼此觀點與知識碰撞、啟發創造，等讀書會結束，這些知識仍停留在個人的腦海中。

為了要讓來參加讀書會的人都能從中得到收穫，我們可以在讀書會過程中，結合RSC社群讀書引導術（關於社群讀書引導術，將在第三章中完整說明），連結生活中的實際應用，產出成果。讓參加讀書會不只是知識上的分享，更是個人持續精進的過程。

在讀書會中讀書，而不是在讀書會前讀書

很多人都覺得，要想參加讀書會，必須先讀完一本書。這其實是一個偽議題。從另一個角度來審思，什麼叫讀完一本書？如果你覺得從頭讀到尾、一字不漏記住書裡面的每個字，才算讀完一本書，那麼這種想法有點過時了，這一類讀書方式是過去學校教育中為了應付考試才出現的。

所謂真正讀完一本書，並非是逐頁讀完，而是只要能透過閱讀學習到新的概念、新的知

識，或是一項新的應用工具，這本書的使命就已經完成了。

換言之，一本書最重要的意義，是在幫助我們面對事情時，能夠將從書中所獲得的知識或技能活用於現實，以新方式或新視角來做出不同的選擇，從而使執行效率與結果達到更好的方向來前進。

來參加讀書會真正的意義在於透過讀書，把書中的精華觀點萃取出來，加上集合不同的讀書會參與者，一起做知識上的碰撞，最終產生知識創新的結果。所以在讀書會舉辦前，必須先和參與者分享這樣的概念，讓讀書不再只是負擔。

以我來說，在企業內教授讀書會引導技能時，會預先透過承辦單位，讓來上課的學員們都能理解這樣的觀念，甚至把概念提升到「不必事前讀書」的地步。

這一點對於企業內部的讀書會推廣來說極為重要。因為許多企業之所以遲遲無法落實讀書會的主要原因，多在於員工們覺得必須先把書讀完，會造成工作或生活上的負擔。所以在企業內宣傳讀書會時，我會特別著重宣導不佔用其他時間，讓每個人都能理解透過參與讀書會當下學習的方式。

本節重點回顧

- 主持讀書會的能力需要經過反覆訓練培養而成
- 新手領讀人先從三到五人的小型讀書會開始。
- 讀書會必須傳遞主題或價值觀，否則就會變成散沙。
- 凝聚團體向心力的技巧在於：讓每個成員都有參與決定的機會。
- 讀書會的進行過程與討論結果，必須與參與者的生活、未來有關。
- 企業或組織要想透過讀書會來達到知識創新目的，必須設計議題引導參與者，建立屬於組織內部的「隱性知識」，再與書中新知識融合、連結或創新，從而昇華為顯性知識，成為組織可用的知識創新。
- 在企業內宣傳讀書會時，會著重宣導，不用事前讀書、不佔用其他時間，讓每個人都能理解透過參與讀書會當下學習的方式。

領讀人養成

中國社群女王謝晶曾說過一句話：「做社群就像蓋寺廟，就是一個初心、一塊地，來不來人都得念經。」無論參與者是多還是少，仍堅持當初做社群的信念、初衷，才有可能創造出聚集人氣的環境，吸引相信的人前來。

這也是每一個讀書會創辦者必須堅持的信念。因為辦讀書會是一場又一場長期的運作，不一定場場爆滿，尤其一開始要建立口碑，非常辛苦。但是只要持續下去，必然能彙集起相信你和相信你所堅持信念的人。

而要建立一個成功的讀書會，除了信念，更必須具備一套有系統的架構。接下來，我將解釋一個根基穩固、紮實的社群讀書會，該有怎樣的架構與系統。

確立領讀人的工作

在談到讀書會的架構和系統時，我們必須先認識領讀人這個角色。領讀人等同是整個讀書會的靈魂，一場讀書會的成敗完全掌握在領讀人手中，同時也掌握了整場讀書會的內容、風格和呈現節奏，從書籍內容掌握到議題設定，都必須要領讀人深入理解、逐一確定。可以說從讀書會開始之前，領讀人就已經在操控著讀書會的發展。一個好的領讀人，必須清楚認識自己在整場活動中所承擔的責任。

作為領讀人，你一定要理解，人們會想來參加讀書會，是基於某種「認同感」，領讀人要做的就是強化這些認同感，並賦予其他人來參與的意義，也就是領讀人之所以舉辦讀書會的目的。

因為人們會從相信某種事物，從而相信所認同的事物，所以領讀人在帶領讀書會的過程中首先要理解，也要讓參與者們理解：為什麼我們要聚在一起讀書，這有什麼好處？讓參與者了解原因，除了賦予人們加入讀書會的意義，也激發他們持續參與的動機。

此外在讀書會中，領讀人還具有三大責任：

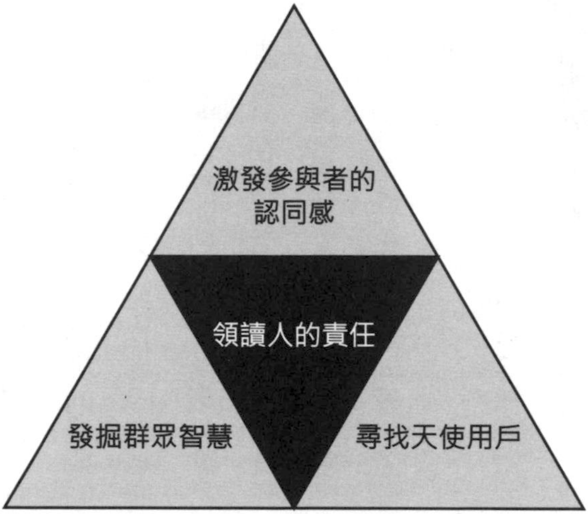

領讀人的三大責任

一、激發參與者的認同感

領讀人必須讓參與者知道，我們所參加的讀書會主要閱讀書籍的種類，是偏向哪一類型。這麼做可以讓第一次來參加讀書會的人能夠清楚理解有什麼樣的議題可以透過讀書會進行，並聚焦在想要深入的議題上。

當人們清楚知道一場讀書會所提供的內容後，領讀人還要找到群眾未曾想像到的問題點，也就是挖掘參與者的痛點，給予內容解藥，用以強化參與者對於讀書會的認同感。

二、尋找天使用戶

除了讓一般參與者理解讀書會的內容之外，

另一方面，也留心那些會主動協助宣傳、主動參加讀書會的成員，這些人是你的天使用戶，也就是最認同、並願意影響其他人一起認同你的人。

當你從讀書會中找到認同自己理念的群體，並且在分享與共創的過程中，引導彼此跨界分享、幫助參與者導讀的時候，就能從更多視角來加深探討層次。

三、發掘群眾智慧

每場讀書會的運作過程，都在告訴參與者：今天這場讀書會是以什麼樣的型態在進行。此外，領讀人還要創造出「群眾娛樂群眾」的效果，讓參與者的學習，不只是領讀人本身的分享，也包含參與者本身。因為每個人身上或多或少都有著我們未曾體驗到的生命故事，其中所展現出來的智慧，就是彼此欣賞與拓展視野的新視角，此即「三人行必有我師」。

每個人都是彼此的導師，透過閱讀，淬鍊彼此的智慧精華，從而凝聚出屬於我們的群眾智慧。

領讀人的共識思考

領讀人的共識思考

要如何讓參與者建立起相同的共識，協助每一個人精進生活或工作，有賴於領讀人對於共識閱讀的思考能力。

領讀人要先理解書籍的大綱與內容，並進一步能夠拆解書籍，讓每個拆解的環節，對應到足夠分享的價值。

要如何拆解一本書呢？有幾個重要的考量。

精選內容，促使參與者容易討論

領讀人拆解書籍的過程，要先思考：如何才能引發討論？

如果一本書有十個章節，最好有二十個人來參加，每章節至少讓兩個人共讀，並後續安排做章節討論。

但如果一本書有十個章節，只有十個人參加。這種時候可以每兩個章節為一組，仍由兩個人共讀；或是分兩次讀書會進行。這種設計的思路，是為了讓每一位參加者都能根據各章節進行討論，也就是透過小組討論、交流來達成共識，透過彼此分享的過程，讓原有書中的概念，進一步淬鍊出有質量的共識點。

拆解書籍的另一個重點是：減法。為了讓社群讀書的成效更聚焦，領讀人本身先對於書中內容進行篩選，決定哪些內容值得閱讀分享，哪些則需要跳過。

實踐過一、兩次，你就會發現，書籍內容並不一定要從頭到尾讀完，而是依據我們想要的展現的成果，進行內容的篩選。

透過概念或技巧的引導，可以讓你在讀完這章節內容後，將所學套入生活或工作。從而透過讀書會的分享過程，讓參與者聚焦在議題上。

擬定議題，共識凝聚

社群讀書會的目的，是希望能夠協助每個人在共讀之後，都能擁有相同的群眾共識。這時需要透過議題的引導讓參與者理解，因為社群學習不只是「一個人知道」，而是「一群人共識創造的群眾記憶」。

領讀人必須肩負喚起共識的使命。當參與者分享意見時，把想法連結到生活與工作應用上，同時找出群眾共識下的解法。所以領讀人如何撰寫議題，將是醞釀共識的關鍵要素。

管理大師彼得杜拉克曾說：「找到一個好的問題，比找到好的答案重要。」問題的本質是激發人們思考，創造出無限多種的想像，如果給出一個答案，就會陷入答案本身的認知框架內。

所以讀書會在「共創」階段，選擇「議題」的標準，不在於絕對正確的答案，而是拋出問題的技術。因為一個真正好的問題，不會只有一種解決方法，而是會因為時間與空間的不同，解決的方式產生變化。

身為領讀人，你要讓群眾了解：「達到目的有各種途徑，要解決的問題，有各種可能的答案。」

議題設計，拓展討論空間

領讀人在設計議題上，除了要理解書中有哪些關鍵的「知識點」，還要思考這些關鍵的知識點怎麼與參與者的期待相互連結。當有了足夠準備後，接下來在設計議題時，必須掌握好議題設計的兩個標準：

聚焦開放：不限定單一正確的解答，才有討論空間

無論是領讀人設計議題，或是參與者提出議題，都必須注意，如果以「是非題」或「選擇題」的角度來設計議題，這種封閉型的問題無法創造出「討論」的空間。

如果你所設定的題目，很快就能讓參與者想到答案，或者即使經過長時間的演變，也不會出現太大的變化，那樣的議題很難創造出多視角的思考。

所以好議題設計的關鍵在於引導討論。透過開放性的議題，讓群眾有機會更廣泛的討論，從而激起主題上的探討，並找出更多元化的方式來達成目標。

議題賦能：讓參與者思考有共鳴、高度切深感的議題

此外議題設定標準是考量議題能否引起共鳴、可不可以讓參與者親身感受。如果你提出的議題與參與者生活或經驗之間太過遙遠，或是議題本身屬於無法控制的範圍，就會導致分享時大家找不到解決的脈絡。

所以議題設計必須回到社群讀書會的概念。議題的解法不一定是領讀人給予的正確答案，而是在群眾智慧下一群人的共識解。

在設定議題之前，領讀人應該先掌握參與者的需求，通常參與者的需求有兩大類：

第一，專業者訴求。

第二，連結工作或生活的議題。

接著再引導議題設計，讓群眾來思考，而領讀人則負責指示議題、給予方向，建構出具體的討論議題。並令參與者能夠立刻連結書中的知識點，透過沉澱省思，回應議題，說出自己的答案。

領讀人除了在議題設計上聚焦，同時必須透過互動的角度，引導眾人發言。這才能真正促使群眾把各自的隱性知識分享出來。所有的討論都避免針對事物的對錯，而是闡述觀點背後的思考內容。

動機引導論

當參與者理解自己為什麼要來參加讀書會的理由後，接下來就應該從動機出發，強化參與者的認同感。

首次參與讀書會的人，往往會因為陌生感、不熟悉而心生抗拒，這時引發動機就成為關鍵。

每個動機的背後都起源於需求。需求來自於生活或工作，希望可以有更好的展現。所以讀書會的議題設計，將成為吸引參與者的動力。又因為來參加者擁有各部自不同的背景、思想觀點，所以不同的人對於相同議題的解答，會有不同切入的視角。

而領讀人肩負的責任，就是要讓每一個參與者都感受到，今天參加的讀書會不只是一場學習、閱讀書籍的過程，而是透過群眾分享共創，感受到不一樣的新視角。

設立閱讀社群的演練起點

在透過動機吸引和議題共識的開場方式，準備好討論的內容後，在正式舉辦讀書會之前，讀書人還需要做一些準備，才能確保讀書會能夠持續發展下去。

別忘了，無論進行任何活動，都離不開「你要解決什麼問題」的中心思考。在這場讀書會中，領讀人必須先想清楚，到底想要傳遞什麼出去。這一點也是回問：做讀書會的初心到底是什麼？釐清這一點才能確立讀書會的「定位」。

展現讀書會的定位

想要探討定位，必須先談談「感知」與「感受」。

感知，就是人類五感所能感受到的一切，包含視覺、聽覺等等。在這裡，我們的重點在視覺上，也就是對於顏色與圖像的感知。

感受，則是感性面的呈現，也就是文案的設計。每次宣傳讀書會的過程中，我們必須思考傳遞的關鍵字 **Slogan** 是什麼。

把感知與感受結合在一起，就能確立讀書會的定位。人們會透過定位知道你是誰。要想形塑一個品牌，需要漫長的時間、持續的曝光，長期展現在眾人面前。當你的讀書會持續在潛在用戶面前曝光，他們自然慢慢在腦海裡烙印下記憶標籤。當有其他讀書會與你所主持的讀書會很相似時，參加者會因為想到你讀書會的價值而有與眾不同的感覺。換言之，要想建立一個成功的讀書會，除了定位，還必須持續在潛在用戶面前曝光。

注意行銷，精準投放訊息

曾經我培養過的種子領讀人頹喪地跑來找我，說他的讀書會經營不下去了，因為「都沒有人來參加」。隨著參與者越來越少，領讀人本身也逐漸喪失了信心。他雖然百般檢討，但找不出原因。他說：「為了促使大家熱烈討論，我無論在定位或議題設定上都費了很大心力，前面幾次讀書會的過程也都沒有什麼問題，參與者的互動熱烈，但為什麼來的人越來越少呢？」

我問他：「參與者變少，一定有原因。你的讀書會多久舉辦一次？」

他說：「不一定，有時候兩週一次，有時候一個月一次，必須配合大家的時間。」

我問：「那你怎麼讓每個人都知道下次什麼時候聚會？」

他回答說：「我會透過網路通知。」

我又追問：「多久以前通知？」

他想了想回答：「通常都在活動前三、五天通知，看情況，不一定。」

我說：「這就是問題的癥結點了，讀書會不僅需要口碑，更需要良好的行銷曝光。別忘了，酒香也怕巷子深啊。」

很多讀書會雖之所以經營不下去，往往是因為大家根本不知道有這個活動，所以沒人來參加。當參加者越來越少，主辦人也越來越提不起熱情，惡性循環的結果，不了了之。

讀書會的行銷宣傳訊息發布，需要間斷但持續進行。以宣傳來說，第一次宣傳發布的時間點，可能是讀書會舉辦的前兩週。

你可能會問：「兩星期前發訊息會不會太早了？」但仔細想想，現在上班族安排行程，通常都是事前提早一、兩週確認，如果等到讀書會前一週才開始傳達訊息，即使傳遞到參與者手上，也有可能因為同時段已經安排其他事情，所以放棄讀書會。如果在兩週前傳遞第一次通知訊息，時間足夠充分，參與者也有緩衝、調整的時間，能提早將讀書會排入時間表中。

而第二次傳遞訊息，應該安排在讀書會召開的前幾天，再次確認提醒。這時的提醒必須透過個人化管道傳達，是個性化服務的通知，讓參與者感受到你很重視每一個人，希望對方能來參加。

四大類型讀書會

通常我會依據「參與人數」和參與者的「意願」，進一步區分出四大類型的讀書會型態：

社群讀書會：一群人一起共讀、討論分享和共同創作。

主題拼書會：透過主題選書，讓群眾共同聊聊各自書籍的精華與實踐。

議題聊書會：由領讀人說書給參與者聽，並且設定議題引導討論分享與共同創作。

讀書分享會：領讀人說出各主題的精華，透過分組分章與旁人分享交流與共同創作。

這四大類型的讀書會型態，會依據領讀人最初設定讀書會的主題、內容，形成不同樣貌，以對應參與者的需求並顯現出參加者的價值點。

關於不同類型讀書會，各有何種適應場域與操作細節，我們將在第五章詳細解說。

本節重點回顧

- 領讀人的責任：激發參與者的認同感、尋找天使用戶、發掘群眾智慧。
- 精選學習內容，促使參與者討論、擬定好的議題、拓展討論空間，有助於每個參與者投入討論，建立共識。
- 議題的設計必須考慮兩個標準：聚焦開放，不限定單一正確解答，以拓展討論空間；議題本身必須要能引發參與者共鳴、具高度深切感。
- 讀書會的行銷訊息發布時間點：舉辦前兩週和召開前幾天。盡量透過個人化管道傳達，讓參與者感覺到被重視。

成立讀書會的步驟

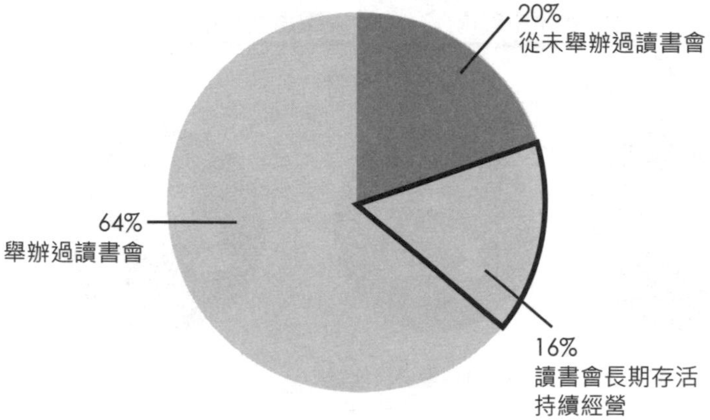

讀書會的存活率

二〇一七年三月，我受邀到北京東城區圖書館，協助他們培養北京地區的讀書會領讀人，這個專案項目叫做「東城區一〇〇領讀人計畫」。經過六個月培訓，總共養成了一百三十三位讀書會領讀人。

半年之後，我們針對那一百三十三位讀書會領讀人進行後續追蹤，發現其中有八〇%的人在計畫結束後，都舉辦過自己的讀書會；但令人訝異的是，只有二〇%的人能夠經營讀書會超過三個月。事實上，最後統計結果是，只有一六%的讀書會存活下來。

這次的結果讓我反思，是什麼原因導致讀書會折

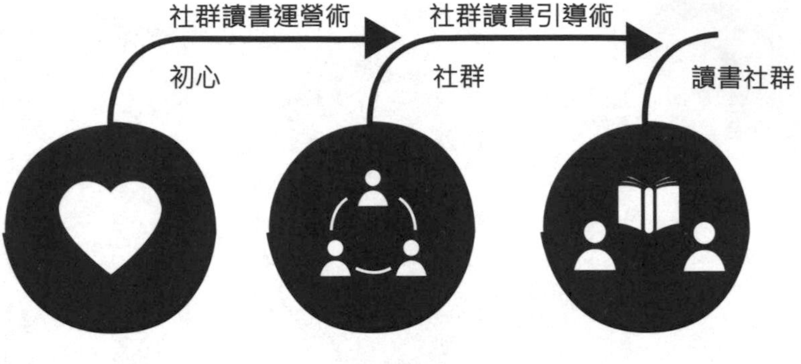

社群讀書價值鏈

損率這麼高？

經過檢討，我重新建構了成立讀書會的方法，化繁為簡，以簡馭繁，把複雜難懂的流程，轉換成精簡、實用的步驟，期望讓每一個人都能輕鬆理解、容易上手。

在我的概念裡，這是一個具有兩段技術的技法，我稱為「社群讀書價值鏈」。其中第一段叫做「社群讀書運營術」，講述從初心到成立讀書會的基礎，簡單來說，就是蓋房子前動土、打地基的過程；第二段則是「社群讀書引導術」，主要談的是如何共讀、彼此分享的步驟，如果以建築來比喻，就是立樁、築牆、上梁等等過程。

先從社群讀書運營術開始講起，整個營運術有六大步驟，分別是：定位、基準、分組、行銷、呈現。這六個步驟能夠協助大家建構並強化讀書社群。

在詳述這六大步驟之前，先來談談初心。

初心太重要了，沒有初心，就沒有後續的一切。

初心，是你獨一無二的標籤

分析過北京那一百三十三位讀書會領讀人的所有失敗經驗後，我們發現了一個很重要的問題：決定讀書會成敗的，經常在於領讀人的初心。

很多領讀人在舉辦過第一次讀書會後，發現情況不如預期，內心失落、鬱悶，就不想再繼續進行。因為心中缺乏堅持做下去的信念和使命感，所以放棄得特別快。

進一步再分析那些成功領讀人的經驗後，我發現，他們的首次讀書會也未必都能大獲成功，事實上很多人的第一次讀書會，都是不堪回首的經驗，可是因為他們心底清楚知道，為什麼要舉辦讀書會、舉辦讀書會的理由與價值何在，所以能夠持續拓展，即使失敗了也不會輕易打退堂鼓。

問題來了：到底什麼是初心？

你可能喜歡閱讀、喜歡旅行；你可能喜歡談美學；你可能喜歡研究心靈成長；你可能是

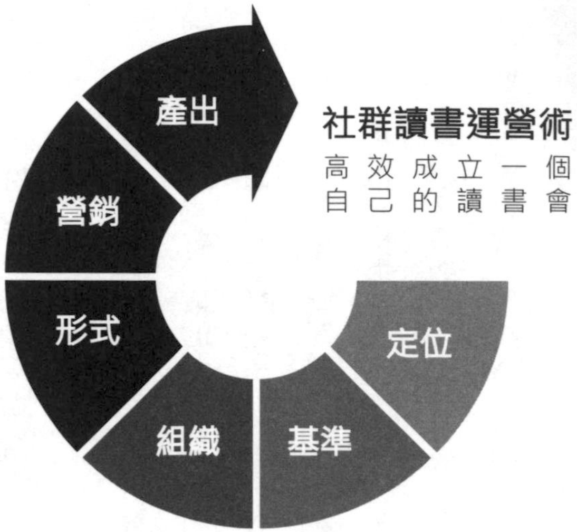

社群讀書運營術六大步驟

想要學習如何讓家人更幸福的人……這些「你喜歡」、「你想要」，就是你的初心。

初心是你的標籤。有了這張標籤，才能夠召集到其他志同道合、一起學習的人。

不過，如果你的標籤與很多人都相同，那麼可能很難脫穎而出，因為有太多人想要做與你一樣的事情。

但反過來說，如果你的標籤非常特別，也有可能造成另外一個問題——太過冷門！因為很少人有同樣的需求，可能會讓你招不到人。

看到這裡，你可能會擔心，那到底該怎麼做才對呢？

第一步：好「定位」，讓讀書會更有魅力

我有一個好朋友名叫張卡，人稱「卡卡老師」，是一位相當知名的手作編織老師。很難想像，擅長毛線編織的她，竟然擁有超過百萬的粉絲數。她很希望透過編織以外的活動與粉絲加深聯繫，於是想成立讀書會。

她問我：「Hank，我應該怎麼去成立讀書會？怎麼去定位我自己呢？可不可以就取名叫做『卡卡編織讀書會』？」

我說：「這個取名很直接，但並不適合。為什麼呢？因為真正熱愛編織的人不多，而編織愛好者裡面，想讀書的人更少。如果妳只是從編織的角度去經營讀書會，那麼找到的同好必定少之又少。」

她聽了很著急，問道：「那我該怎麼辦呢？」

我建議她：「妳可以往另外一個方向思考。妳想，編織這件事情是興趣沒有錯，但也與食衣住行中的『衣』有關；食衣住行是什麼呢？是生活。所以往大了說，編織與『生活』相關。再來，編織不是想到就編，編好就穿，它還講求美感，所以研究編織，必須要有『美』

的概念，又跟『美學』有關……集合上面的關鍵概念，我建議妳可以把讀書會定名為：卡卡生活美學讀書會。」

這麼定名，整個讀書會就從最初僅針對編織同好者，一下子擴展開來，成為針對所有對生活、對美學有興趣的人，都想參與的讀書會！

隨著讀書會的名字確定，我們可以想像，卡卡生活美學讀書會中，不僅讀編織的書，還能一起讀 life style 的書、生活型態的書，或者是生活美學、藝術文化的書、營造幸福生活的書……如此一來，它就吸引了更多的潛在讀者。

而在經營讀書會的同時，卡卡老師進可攻退可守，她一方面擴張讀書會的內容，另一方面也回歸個人特長，介紹編織相關的書籍，讓其他原本沒有接觸過編織的讀書會參與者，透過閱讀和卡卡老師的經驗分享，認識編織、感受編織之美，進而喜歡上編織，最終成為她的鐵粉。

從大主題或熱點裡面，找到自己的細分市場，追尋市場導向；或者是從自己精準的定位出發，擴張範疇，講求個人引導。這個，就是定位！

現在你知道定位的重要性了。

但對你我來說，又該如何找到適合自己的讀書會定位呢？

找出合適定位的方法

找出合適定位有三個思考方向：

考慮個人經歷

過去在職涯發展中，你的獨特優勢，或是難得的經驗，都可以成為定位的依據。

掌握專精主題

針對一個點的議題，延伸成你的讀書會價值網路，讓對於這議題，以及相關領域的想法，作為你定位的開端。

確認運營型態

這主要從操作面向來作為主打，讓參與者看到，你的讀書會不只是讀書，更是另類型態的讀書會運營，體驗新視野的學習方法。

找到確切定位之後，接下來就是讓社群成形。

從個人到社群，讀書會如何成形

步驟一：找到個人標籤

個人標籤就是前面所提到的「個人經歷」。連結到你的標籤，讓人們有精準的「第一印象」，這就是「個人即品牌」的概念；連結到個人過往，讓你過往的積累，成為你讀書會發聲的重要原動力，讓人們在搜尋讀書會的時候，立即聯想到你。

步驟二：確認目標對象

當你有了個人標籤後，接著就是從標籤來思考，什麼樣的人群會被你的標籤吸引。任何一品牌背後，都有喜歡它的受眾，你在定位的階段，就必須從標籤下找出目標對象裡。

步驟三：設定社群名稱

讀書會的名稱，不只代表領讀人的個人標籤，還要能夠與目標對象結合。以我為例，我的「大書社群讀書會」規定，每月要讀完一本「大書」。這類大書的特性在於平常人很少會想要去閱讀，但它的內容充實、知識含量高，一月讀一本，這是每個成員的目標。

而我們還有另外一個讀書會「阿薩布魯聊書會」，顧名思義，這個讀書會以聊天的方式，

個人標籤
從「個人經歷」連結到你的標籤，讓人們有精準的「第一印象」
目標對象
從標籤思考，什麼樣的人群會被你的標籤給吸引
社群名稱
符合個人標籤，還要能夠與目標對象結合
主題選書
每個讀書會都會有它的選書主題，透過不同書籍激盪眾人智慧

讀書會成形流程

每月設定不同議題，暢談不同的「阿薩布魯」，盡情發表個人視野與見識，從聊天中找出新觀點。

讀書會名稱是吸引人目光的第一印象，其他人要怎麼了解你的讀書會，除了你自身的個人標籤之外，讀書會名稱的呈現也要與你所要傳達的初心初衷一致。

步驟四：設定主題選書

每個讀書會都會有它的選書主題。譬如說，如果你針對「時間管理」的主題來選書，可能會選擇《與成功有約》、《搞定》之類與時間管理、個人管理方面相關的書籍，讓每場讀書會的選讀書籍不只是從單一角度來出發，更透過不同書籍的內容以及社群讀書的力量，創造出高見識的群眾智慧。

明確定位的讀書會，可吸引更多同好參與

定位的意義，除了讓其他人知道你要幹什麼，還能吸引更多的人與你一起並肩合作，同時豐富他們的生活、知識與智慧。

想要為讀書會定位，必須先思考如何從廣泛的角度，找到細分的定位、更細分的客群？也就是說，要從精準專業的角度往外擴張，開展自己的定位，包容更多可能來參加的參與者和夥伴。

想要確立定位，必須以個人標籤為基礎，具體化、擴張化，逐漸吸引參與者加入。這些人很有可能是你的顧客、朋友或者夥伴。

當定位確立、主題明確，自然能選出適合讀書會該讀的書。

第二步：穩固「基準」，使人事時地物恰如其分

什麼是基準？

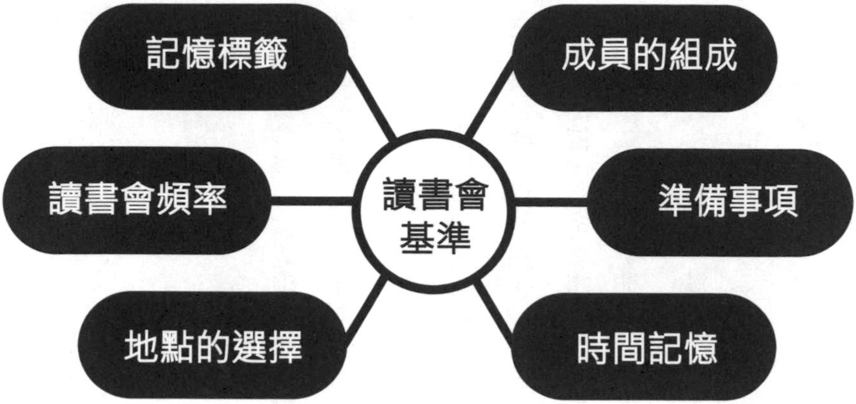

讀書會基準

讀書會成立的過程就像蓋房子一樣，先得把地基打好。除了定位之外，還必須把讀書會組成的基本要素：人、事、時、地、頻率、記憶標籤，完整設定起來。

人：成員組成

一個完整的讀書會有兩種不同的成員：第一，運營團隊；第二，核心成員。

運營團隊是運作讀書會的主要成員，負責掌管讀書會的流程型態、舉辦安排、行銷訊息的曝光；核心成員則是所謂的忠實粉絲，也就是每場讀書會都會固定來參加的成員。

另一方面，還要注意有哪些人是讀書會的「天使粉絲」。所謂天使粉絲就是能夠加強讀書會定位、提升參與影響力的成員。譬如說，如果馬雲、張忠謀等重要人士參加某場讀書會，人們會立刻意識到這個讀書會的重要性，馬上明白該讀書會參與者的層次何在。

事：準備事項

讀書會是一個看似繁瑣，但其實分析起來預備事項非常清楚的活動。一場讀書會所要安排的事項主要包括：前期的讀書會行銷及提醒、讀書會進行時的安排、讀書會後的訊息整理與歸納。

因應不同讀書會的運作形式，領讀人有各種可能的方法進行操作，萃取知識，並將個人知識轉化成群眾智慧，連結到個人實際生活應用上。換言之，一本書不會只有單一一種型態的學習方式，它應該可以依據你的需求和狀況及參與者的認知、水平，調整出最適合的方式。

讀書會結束後，別忘了安排活動曝光的消息傳達，讓沒有參與的人也能分享當天活動的場面、產出的結果，營造出大家共同參與的歸屬感。

此外還有許許多多雜務，譬如物品的準備，例活動中需要使用的文具、紙筆、海報等等，還有相關紀錄物品，例如手機或相機等等。這些準備，除了讓整場讀書會順利進行，還能協助有效呈現讀書會的過程與結果。

時：時間記憶

我建議領讀人或核心成員在安排讀書會時間時，要盡量讓參與者養成習慣，固定時間召開讀書會。

因為讀書會是一個非正式組織，而對人來說，一件事情如果不能變成習慣，很容易就會放棄，就像運動一樣，如果不養成固定運動的習慣，可能三天打魚兩天晒網，久而久之，不了了之，很容易就放棄了。

所以固定召開時間，久而久之，參與者自然而然會記住這個時間該來參加讀書會。

舉例來說，台北的「大書讀書會」和北京的「大書讀書會」中，參與者族群不太一樣。台北的讀書會因為交通便利，書友們喜歡平日晚間下班後來參加活動，所以固定每個月的第一個星期三晚上七點到九點半舉行，至今為止，已經舉辦了超過三十場。

但北京因為交通壅塞之故，一般人下班後已經花很長時間在通勤上，沒有辦法再趕來參加。所以北京的大書讀書會，固定在每個月的第二個星期六的下午兩點到五點舉行。

這也就是說，讀書會的召開時間、地點，必須盡量考慮參與者的生活型態而定，因為不同地方的人，生活方式和型態不同，所以對主辦者、領讀人來說，安排一個適合大家出行、參與的時間，有助於提高參與者參加的動力。但無論如何，一旦排定了時間，就要定時召開。

地：慎選地點

與固定召開時間一樣，在地點安排上，建議也必須固定地點，不要變來變去。當然為了考慮參加者的交通行動問題，讀書會的安排地點最好是交通方便的位置。

很多初次舉辦讀書會的人，總會覺得想要把讀書會場安排在一個有情調、有氣氛的地方。他們可能心中都有一些想像，覺得在咖啡廳或茶館進行，氣氛最好。但就我個人的經驗來說，非常不建議選擇這一類公眾場合，除非能夠包場或預定包廂，要不然很難保證讀書會的品質。因為這一類公眾場合，難保店裡不會有吵鬧的孩童、不會有聊天談是非的顧客，他們無論在聲音或舉動上，都可能干擾到讀書會的進行，結果參與者記住的不是書中的內容或討論的結果，而是種種不舒服、不愉快。有這種不愉快的記憶，下一次他們可能就不會再來了。

所以，找一個好的地點，盡可能固定它，不要改變。

舉辦頻率：三種頻率的讀書會類型

在開辦讀書會之前，領讀人一定要想好兩個問題：

你打算一本書要讀幾次？

你預備多久辦一次讀書會？

關於這兩個問題，每個人答案不一，但我個人有三種不同型態讀書會的頻率，提供給大家參考：

剛成立的讀書會：每月舉辦一次，每次讀一本書

如果你的讀書會剛成立，找來的夥伴也是初次參加讀書會的人，最好能安排一個月開一次讀書會，每次讀一本書。因為每月一次讀書會，不會造成大家的壓力，而一次讀完一本書，會令參與者感覺這一趟沒白來，很有收穫。

如果分兩、三次讀一本書，參加者很有可能會因為工作或者家庭關係，偶爾一次缺席參加，但因為缺席，他覺得沒有把這本書讀完，所以感覺氣餒、挫折，乾脆下一次就不來了。

根據我的經驗，剛開始成立讀書會，基於讓大家有好的學習體驗，建議每個月讀一本書。

如此一來，參加者感覺每個月都讀了一本書，有明顯成就感，心中自然而然會期待下一次讀書會。

資深讀書會：每月舉辦一次或兩次，偶爾安排一本書分兩次讀

所謂資深讀書會，是已經累積相當經驗的讀書會，你的夥伴們已經與你一起共讀過一段時間，彼此有了互信基礎，也都很熟悉理解其中的流程。

在這種狀況下，偶爾嘗試將一本書分成兩次讀，可以加強討論的深度。參與者透過兩次閱讀的過程，更容易獲取書中的內容並加強應用。

學霸級讀書會：強化學習，不限定閱讀量或讀書次數

通常學霸級讀書會都是一些超級愛讀書、愛學習的夥伴參加，這些參與者可能更在意的是彼此互動、表達深刻感想，甚至會期待在讀書會的過程中，激盪產出新知識。

面對這樣積極的參與者，我們不必刻意限定每次讀一本書，或是一次讀三本書或是三次讀一本書，而是因應參與者的需求，調整最適合大家的閱讀頻率與方式。

以頻率而言，無論是哪一種讀書會，都盡量一個月不舉辦兩次以上為宜，頻率也最好不要相隔超過一個月。因為超過一個月以上，很難形成為循環。另外一般人在規畫安排生活時，

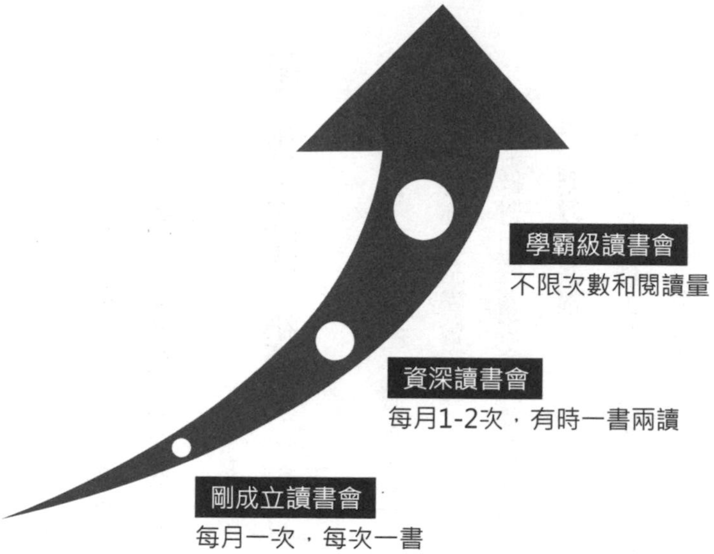

讀書會的三種頻率

很少有兩個月規畫一次的。間隔時間過長，參與者很容易忘記有讀書會這回事存在。因此一個月一場或兩場開讀書會的頻率，應該是最恰當的。

此外頻率過高也不好，間隔時間低於兩週，容易造成參加者負擔。如果你參加過每週都舉行的讀書會，就會知道在這麼緊密的節奏下，很難堅持超過三個月以上，最後反而因為太累了而放棄。

記憶標籤：讓讀書會訊息成為參加者的長久記憶

記憶標籤是指在參與者的腦海中烙印下一個清楚、簡單的讀書會訊息，讓對方想到你的讀書會，馬上就會聯想到：每月第幾個星期、星期幾舉辦，以及什麼時段開始。

此外定點的作用也會幫助加深記憶標籤。當你的讀書會都固定在同一地點舉辦時，無形之中加強了參與者的記憶認知。參與者只要想到讀書會，就知道要去哪裡參加。

這種作法如同最初提到的社群原理：「一個初心、一塊地，來不來人都得念經。」

第三步：團隊「組織」，創立O2O建群分組

讀書會不可能僅由一個人單槍匹馬經營，在正式運作之前，你需要建立起一個運營團隊，也就是你的讀書會組織。

以下針對組成讀書會的營運團隊，進行詳細的流程解析。

第一階段：共創

當你只有一個人時，可以找兩、三個對於某一議題都有共同興趣，或擁有共同個人標籤的夥伴，做為讀書會發展的基礎。

第二階段：建群

隨著網路和科技便利，現在在線上組建社群變得非常容易。在網路上組建社群，不僅容易發布讀書會訊息，更可以透過社群共享資訊。

第三階段：邀請

如果開始時只有兩、三個核心成員組織讀書會，只要每個人對外邀請最親近的三個朋友來參加第一場讀書會，那麼最初的讀書會社團就能達到六至九人的基礎人數。

第四階段：分組

運營團隊成員的職責分工可分為以下四種職務組別：

進修組：找尋相關議題書籍，習慣拆解書中的知識，學習將知識點萃取出來，以協助持續精進讀書會的內容。

成果組：負責將每次讀書會成果發布到網路社群中，此舉能夠創造兩種效益：

一、成就感：讓每個人都能看到自己的付出與學習經歷，將成果化為認同。

二、記憶點：也許一季，也許一年，在不同的時間點上，回顧過去一同參與讀書會的內容，創造人與人之間的情感連結，強化對社群讀書會的共鳴。

公關組：透過會前的宣傳行銷，與讀書會活動的提醒，確保每場讀書會的參與人數，同

營運團隊組織分工

時單獨在社群上進行一對一溝通。這種傳遞活動訊息的方式，不只令參與者感覺到你在乎每一個人的感受與尊重，更是創造每一次的「品牌印象」。

總務組：負責讀書會流程所有需要的物品，包含文具用品、參與人名單以及財務總結等等，是讀書會運營的基礎。

第四步：有效「行銷」，以品牌導向布局社群宣傳

讀書會的前期最需要的就是號召參與者加入，作為領讀人，你必須知道怎麼透過社群邀約的技術，誘發群眾來參加讀書

會的渴望。這需要具備兩方面的思考：社群邀約、品牌導向。

社群邀約的20／40／40法則

就我經營讀書會的經驗，一般來說，有二〇％的書粉，他們會主動參與讀書會，如果團隊太晚發布讀書會的訊息，還會主動來提醒。

另外四〇％的參與者，是得到邀請才會來參加。這群人其實是讀書會行銷與邀請的重點人物，他們都有自覺要學習，但往往因為工作忙碌或惰性使然，沒有接到邀請是不會來參加的。在宣傳行銷時，我會特別標記這些書友們，在每次讀書會活動的前兩週或前十天，至少發一到兩次的邀請訊息給他們。這些人受邀之後，除非臨時有事，否則絕大部分都會來參加，出席率很高，可說是讀書會組成的中堅分子。

至於最後的四〇％又可以分成兩種類型，有一半人無論有沒有接到邀請，都不太可能改變個人的意志。他們有可能因為心情不好就不來，心情好就來，不會因為接收到訊息或一對一邀請而改變。至於最後剩下的二〇％的人，是再也不會來的。

因為讀書會並不是一個正式的組織，也無法有短期回報，所以有人量的流動率或很低的參與率，應視為正常。但透過有技巧的經營，可降低流動率、提高參與度。

打造出讀書會的品牌

想要創造一個成功的讀書會，第一件必須做的事是「提高參與價值」，也就是讓參與者感覺有收穫，並強化這種收穫感。這種收穫感，透過彼此共讀、互相分享、共同創造和網路互動，可以有效提升。

第二件事是「提高邀約強度」，這就是前面所說，參加成員的20／40／40法則，領讀人和經營團隊必須使出渾身解數，在對的時間邀請對的人。

第三件事是要「選對書」，選出參與者需要的書。

最後，也是最重要的一件事，是心態問題。領讀人和營運團隊都不要有太強烈的得失心，避免因為失落感、失敗感而打退堂鼓。根據我的經驗，通常一個讀書會在成立後六個月到一年之間，會突然出現有一段時間參與者大減的狀況，這個過渡期很難熬，但領讀人和核心團隊成員都必須堅持下去，因為堅持是你的品牌與積累，你必須為了你的初心和情懷堅持到底。

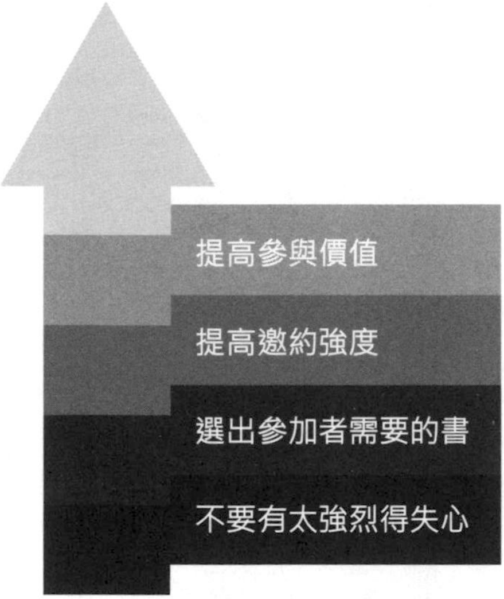

打造讀書會品牌

我會建議學習人數較少的社群可以採用不同的讀書引導形式，以面對參加人數銳減的低潮階段。

在我的經驗裡，反而經常是在人少的時候能有充分時間討論與共創，互動效率更高，學習成果也更加豐厚。所以我會更珍惜參與人數少的階段，熱情書友們對於學習這件事情的深入度。

做為社群讀書會的領讀人，不要太介意參加者的人數多寡，而是趁著參加人數減少時，努力提升活動品質、內容質量。

我培養過許多讀書會領讀人，成功者有之，失敗者也不少。後來發現，領讀人之所以無法堅持下去，不是因為他不想再學習、不想花心力在社群上，而是他被社群的人數所打敗。領讀人一旦用參與者多寡來斷定自己的成敗，就很容易因為不如預期而產生挫折感，或覺得回報太低，不值得。

對於已經萌生退意的領讀人，請務必思考兩個問題：

一、你的社群經營技巧是不是都做到位了？

二，如果今天沒有人來參加讀書會，何不把這個空檔，轉換成個人沉澱和學習的時間？

一時的人數短少，不降低個人的成長與獲得，相對的它將帶來更多收穫與學習。說穿了，經營讀書會就像經營品牌，能夠持續生存下去的品牌，最後都活出了自己的使命感。

第五步：強化「產出」，讓思想透過新視覺方式呈現

活動，是辦給沒有來的人看的。讀書會最後的關鍵步驟是產出，把討論的過程、內容整理之後，透過群組管道、網站或影音平台對外公布出來。它所帶來的影響，是讓書粉感受到參與讀書會的意義與回報。

怎麼樣能夠讓大家覺得參加讀書會是一件值得的事？在我看來，不只是把重心放在讓每個人都去讀一本書上頭，更重要的是能去「做到」，而不是只有「知道」。

傳統讀書會的操作，經常把焦點放在書中知識上，但是新型態的讀書會更重要的是透過產出，提高共同創作的價值。這並不困難，因為現今的環境中，我們可以透過很多教學工具、手法以及軟體、網路，輕鬆創作，呈現讀書會的投入與產出。

關於產出，過去這些年來，我有一個非常切實的體會是：所有的產出都是設計出來的。這也就是說身為讀書會的領讀人，必須在運作之前先思考：這次讀書會預期要產出些什麼？

事實上透過最終產出的設定，我們可以逐步反推出整個讀書會進行過程：

最終結果：想要有什麼產出？

↓

過程進行：為了產出，安排怎樣的過程？

↓

重點掌握：配合這些過程，可以找到書中哪些知識點？

↓

重點延伸：為了尋找出這些知識點，應該進行哪些議題討論？

←

凝聚方式：該用什麼方式進行討論？

←

凝聚產出：討論出什麼結果，以及結果怎麼呈現？

這些都是在讀書會之前，就必須要構思好的，同時回扣到最重要的那句話「活動，是辦給沒有來的人看」。所以領讀人要思考的不只是產出的過程，還有產出的呈現。

現今環境中，有很多工具可以協助我們更好的產出。這邊介紹幾個常用的呈現方式：

行動計畫：

透過核心團隊的多人討論，安排讀書會進行的步驟，讓產出更有步驟性、結構性。

思維導圖：

讓大家更多的發想思考同一件事情，創造出更多的路徑、方法、創意，也是一種很好的呈現方式。

影片紀錄：

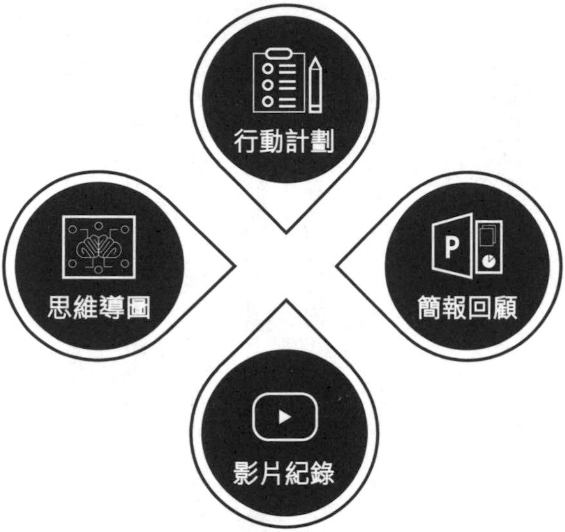

加速讀書會產出的方式

這是最直接也最被人所接受的產出方式。透過錄影或拍照，將讀書會中的討論、分析、分享、感悟，或是某一知識點內容拍攝下來，發在網路朋友圈或社群粉專、群組織中對外分享。

這種方式會因為使用平台不同而有不同的優勢。例如臉書有一個回顧的功能，可能在明年或後年的此時此刻，提醒我們去年、前年學了些什麼？透過臉書來分享這些產出，令使用者深刻感受到學習的痕跡與積累，

簡報回顧：

透過五到十頁的簡報，把學習書籍的關鍵內容記錄下來，可以有效提升未

來使用它的機會。這種方式非常適合企業讀書會使用。透過讀書會，參與者甚至可把書中精華與詩論結果萃取下來，轉而成為公司的新人教材。此外，也可同時結合課程、影片，並用簡報型態來展示。

我個人在經營公司時也常使用簡報回顧的方式，例如每年我會與公司銷售主管一起找出最近行業裡值得一讀的大書，將這些大書利用讀書會形式萃取出簡報，再與客戶分享最新、最尖端的知識。這麼做既可增進我們銷售力，並與顧客建立關係、提高價值。

最後，我整理歸納出了一張關於讀書會建構的表格（見左圖），方便讀者們透過填寫表格，把定位、基準、分組、行銷到產出這五個步驟做出完整建構。填寫的過程中，也能檢視哪些地方還沒想清楚、沒準備好，並更深入了解如何能夠打造出心目中最理想的讀書會。

本節重點回顧

- 喜歡、想要，是你的初心，有了這個標籤，才能找到志同道合一起學習的人。
- 定位是指從大主題或熱點裡面，找到自己的細分市場，追尋市場導向；或是從自己精準的

高效成立讀書會的表單

讀書會：　　　　　　　　　　　　　　　　　　會長：

<table>
<tr><td rowspan="8">定位</td><td>職稱</td><td colspan="2">會長</td><td colspan="2">核心
成員-1</td><td>核心
成員-2</td><td>核心
成員-3</td></tr>
<tr><td>姓名</td><td colspan="2"></td><td colspan="2"></td><td></td><td></td></tr>
<tr><td>標籤</td><td colspan="2"></td><td colspan="2"></td><td></td><td></td></tr>
<tr><td rowspan="2">目標物件</td><td colspan="2">TA-1</td><td colspan="2">TA-2</td><td colspan="2">TA-3</td></tr>
<tr><td colspan="2"></td><td colspan="2"></td><td colspan="2"></td></tr>
<tr><td>社群名稱</td><td colspan="2"></td><td colspan="2">社群主題</td><td colspan="2"></td></tr>
<tr><td>主題選書</td><td>第一次</td><td>第二次</td><td>第三次</td><td>第四次</td><td>第五次</td><td>第六次</td></tr>
<tr><td>書名</td><td></td><td></td><td></td><td></td><td></td><td></td></tr>
<tr><td rowspan="3">基準</td><td>日期</td><td></td><td></td><td></td><td></td><td></td><td></td></tr>
<tr><td>地點</td><td></td><td></td><td></td><td></td><td></td><td></td></tr>
<tr><td>形式</td><td></td><td></td><td></td><td></td><td></td><td></td></tr>
<tr><td rowspan="2">組織</td><td>分組</td><td>進修組</td><td>成果組</td><td>公關組</td><td>總務組</td><td></td><td></td></tr>
<tr><td>姓名</td><td></td><td></td><td></td><td></td><td></td><td></td></tr>
<tr><td rowspan="2">營銷</td><td>內容</td><td colspan="2"></td><td colspan="2"></td><td colspan="2"></td></tr>
<tr><td>媒體</td><td colspan="2"></td><td colspan="2"></td><td colspan="2"></td></tr>
</table>

讀書會建構表

定位出發，擴張範疇，講求個人引導。

- 設定讀書會的定位應該考慮：領讀人的個人經歷、掌握專精主題、確認營運型態。
- 在參與者的腦海中，烙印下一個清楚、簡單的讀書會訊息，讓對方想到你的讀書會，馬上就會聯想到：每月的第幾個星期、星期幾舉辦，以及什麼時段開始。
- 二〇%的成員會主動參與讀書會活動，四〇%的參與者必須得到邀請才參加，剩餘四〇%的人可能會來，可能再也不來。有技巧的經營，可降低流動率，增加參與度。
- 不要太介意參加者得人數多寡，而是趁著參加人數減少時，努力提升活動品質、內容質量。
- 影片記錄是最為人所接受的產出方式，透過網路朋友圈或社群粉專、群組織分享與回顧，為參與者留下深刻的學習印象。
- 企業讀書會適合使用透過簡報回顧，整理書中精華，還能轉而成為公司新人的學習教材。

第三章

運用社群讀書引導術，創造美好的學習體驗

讀書會的核心價值是分享，讀書也讀人

開場：強化學習動機，找出參與價值

一場好的讀書會，關鍵在於領讀人對於每個流程的掌握度。

通常一場讀書會時間大約兩個半到三個半小時，做為領讀人，必須在有限的時間內，讓每一個參與者都能感受到值回票價的「價值感」。也就是說，如果參與者能夠心生「好值得」、「來參加真好」的想法，這場讀書會就成功了。

而一個有系統的讀書會流程，不但能夠讓領讀人輕鬆上手，還能夠協助你事倍功半，讓每一個人都能從中獲得感動。

一場讀書會的基本流程依序為：

1. 開場。
2. 暖場。
3. 帶讀。

讀書會流程

4. 引導討論。
5. 共同創作。
6. 產出與下次預告。

本章我們將逐步講解每一個流程的內容重點與注意事項，你可以實際按表操課，實際進行，不斷練習，直到熟悉這六大步驟為止。

開場、暖場、帶讀，是讀書會的序幕，又稱為「共讀階段」（Reading）。這三個步驟對參與者來說，除了準備和暖身之外，更是讓領讀人透過引導，強化每個人的參與動機。也就是說，共讀階段的三個步驟，每一步都有意義。

步驟一：開場

建立領讀人的第一印象，強調參與意義，強化參與動機，並建立起眾人共有的目標。

步驟二：暖場

建立起彼此間的信任氛圍，介紹大家一起讀書的技巧。

步驟三：帶讀

將厚重的書本拆解章節，透過領讀、萃取等技法，讓每個人都能體會「讀完」的成就感。

接下來我們將細緻解說每一個步驟的要點。

好的開場激發參與者全心投入

一個好的開場可以喚起參與者的價值感。

在讀書會開始時，領讀人要做的，是先讓大家思考「我為何而來」，找出每一個人參與的動機，並且強化學習動機，讓參加讀書會成為參與者的信念。

領讀人可以透過兩個思路，引導參與者思考：

一、讀完這本書會帶來怎樣的收穫

就像去看一場電影、吃一頓飯，人們在做手上的這件事情時，如果能夠清楚知道完成此事的效益是什麼，就能強化他們執行的信念。

二、找到參與者的需求點

除了讓參與者期待有所收穫之外，另一方面，也努力設想他們還沒想到的「潛在需求」，建立更多來參與的意義。

通常這方面的思考主要會從痛點、癢點、甜點、驚訝點出發。

痛點

所謂的痛點，就是不順利經驗所帶來的感覺。舉例來說，今天中國有很多叫車的APP程式，主要起因於二〇一三年，北京上海等一線城市的交通不便。大都市裡交通繁忙，許多市民視出門為畏途，因為想要在城市中招到一輛司機有素質、不亂加價、不會繞路的計程車實在很困難，事實上許多人經常在尖峰時間一車難求，而空車的司機卻又接不到客人。探究這個問題的起源，在於需求和供給之間的資訊不對等，所以後來發展出線上叫車服務，透過智慧型手機的普及，如今這方面的服務幾乎遍及所有城市。

痛點會帶來變革，找出參與者個人讀書的困難點（如惰性導致無法持續閱讀、個人讀書缺乏多方面的思考和觀點），就可以強化他參加讀書會的意志。

甜點

所謂的甜點，是滿足個人的渴望。譬如說，早期的消費多靠實體店面，但當你想要同時買許多商品時，就得去不同的店家消費，然而網路商店的出現滿足了每一個人的需求，也成為今日消費市場的主流。

要怎樣利用「甜點」，強化參與者的決心？可以設定較少人討論的書籍作為讀書會主題，引導參與者們理解，為什麼在這個時刻我們必須學習這本書？此外為了強化參與者的甜點需求，建議領讀人先從「大家都熟悉的議題」出發，慢慢帶入「甜點需求的應用」。

癢點

癢點是指人們對於某些東西有「高度期待感」。例如幾乎每一個人都希望自己擁有完美身材，所以關於健身、減肥的廣告，會請身材健美的男女來展現肌肉，透過視覺，強調美好身材，勾引消費者的癢點需求。

要怎麼設計讀書會的癢點呢？最簡單的做法就是透過社群分享，讓大家都看到參與者們是如何透過讀書會進步發展，朝各自的目標前進。

還有一種癢點，是領讀人在讀書會的前、中、後階段，分別找出讓其他人看了會有所期待的要點，分享出來。這會讓參與者或旁觀者都因為變化與創新，產生心嚮往之的感動。

驚訝點

癢點的最高層次就是驚訝點，也就是創造出「超越期待的感動」。就像賈伯斯在蘋果手機的發布會上，每次都會展現一個遠遠超越眾人期待的新品成果，令人既驚訝又期待。

讀書會的驚訝點，除了流程形式上的創新，還可以透過顛覆內容與凝結群眾智慧，在不同產業、領域與職業中，把原有的想法轉化出參與者不曾想過可能性。

執行這四點的前提，必須先找出參與者「為什麼需要參加讀書會」的原因，以此為起點，促使大家產生學習意願，讓參與讀書會的行為，成為一種必要的需求。

三個問題凝聚讀書會的集體共識

開場設計的第二關鍵，就是創造共有的目標，讓每個人心中都有相同的共識，知道接下來讀書會該如何進行，以及每個環節會為參與者帶來怎樣的成就感。

領讀人可以透過以下三個問題，凝聚起眾人的共識。

一、為什麼我們需要讀這本書？

當我們選定一本書成為讀書會主題，每個參與者都應該理解，閱讀這本書對於他們來說，會帶來怎樣好的影響。

作為領讀人，在開場時應詢問大家「為什麼我們應該要讀這本書」，不僅是請參與者思考學習的理由與價值，更是點出宗旨，形成共識，讓每個人都清楚知道參與這場讀書會，將會得到什麼收穫。

二、如何進行這場讀書會？

開場階段，領讀人還必須告訴大家「進行讀書會的流程」。這麼做是為了確保每個人都知道整體流程，並清楚明白每個階段該如何操作、會獲得什麼。

例如，在開場的共讀階段，透過領讀人的提問和介紹，參與者會堅定起參加讀書會的信念，並了解在進行過程中，將如何在最短時間獲取書本中的知識。而等到後面分享階段時，領讀人則會透過議題方式，把書中的知識與參與者的生活和工作連結。

當參與者理解讀書會進行的流程，在接下來的時間裡，他們才會跟隨著領讀人的腳步前進。

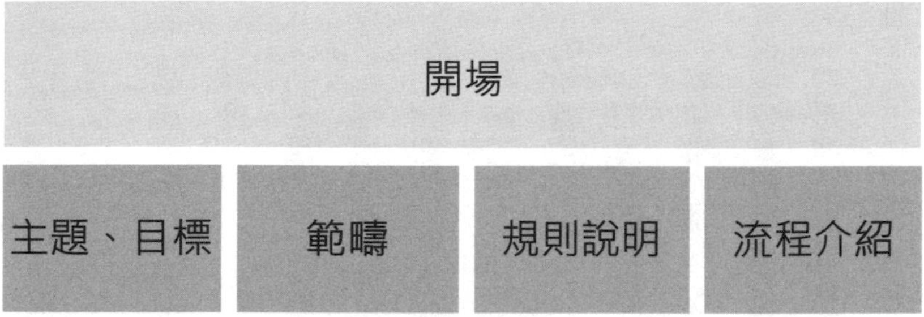

開場階段講述重點

三、**最後會得到怎樣的收穫？**

讀書會的最後是共創階段，透過每個人的分享，讓參與者不只學習書中的新知，還從其他人的身上獲取平常難以得到的不同觀點，找出更好的實行方法，達到共創的效益。

收穫就像是誘餌，當參與者清楚知道自己會在讀書會中得到怎樣的收穫，便能安下心來，投入進行，而不會在過程中表現得心浮氣躁或自我懷疑。

總之開場的階段，領讀人是在凝聚每一個人的共識，讓參與者感受到價值感，承先啟後，為接下來的交流、分享、創造階段，做一個完美的起點。

如何選擇適合讀書會學習的好書？

書海茫茫，選一本適合讀書會活動閱讀的書，攸關一場讀書會的成敗。

選書的標準，主要考慮以下幾個重點：

一、跟著大師的腳步走

術業有專攻，無論商業、文學、理論技術等等各方面，大師輩出。大師之所以稱為大師，在專業領域中必然掌握最新、最關鍵知識與技術。

所以在選書上面，我個人偏好跟著大師的腳步走，學習行業裡面的專家，學習最新、最好的知識。

二、長銷書比暢銷書好

暢銷書通常談的是最近受人關注的事件，但不能保證這一定是本好書。怎麼樣的書有品質保證呢？自然是長銷書。

長銷書是指超過一年或一年以上，仍在排行榜上的熱門書。它之所以能夠長期上榜，銷量驚人，通常是因為讀者閱讀後口碑相傳，所以維持長期銷售能量。而長銷書也更比暢銷書

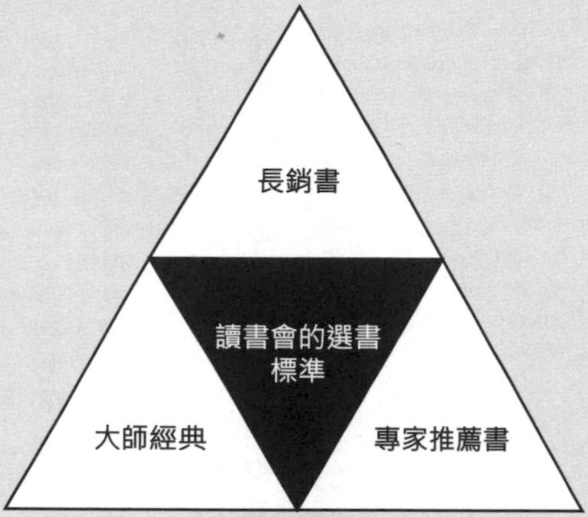

讀書會的選書標準

具有公信力，足以判斷是否為經典。

三、透過該領域的專家推薦

想主辦讀書會必須廣泛地學習，經常得跨領域尋找學習目標。在不熟悉的領域中，要想找到值得學習的書籍，最簡單的方法，是先找到該領域的專家，請對方推薦。

請教推薦也必須要有方向。你可以主動詢問專家詢問幾個問題：

在該領域中，哪一本書是最入門的書？

在該領域中，哪一本書最關鍵重要？

在該領域中，哪一本書是進階的代表作？

在該領域中，哪一本書是最潮流時興的作品？

這幾個問題足以讓你判斷，哪一本書將是你讀書會裡的指定閱讀書籍。

本節重點回顧

- 一場讀書會時間大約兩個半到三個半小時。
- 好的讀書會，能在有限的時間內，讓每一個參與者都能感受到值回票價的「價值感」。
- 共讀階段是讀書會的序幕，流程步驟為：開場、暖場、帶讀。
- 開場時，領讀人透過講述「為什麼我們需要讀這本書」、「如何進行這場讀書會」、「最後會得到怎樣的收穫」，凝聚起參與者的共識。
- 選書的三大標準：跟隨大師的腳步走、長銷書比暢銷書好、透過該領域的專家推薦。

暖場：建立彼此信任的氛圍

經過開場，領讀人讓每個參與者都更清楚參加的原因、堅定學習信心，緊接著必須醞釀讀書會最重要的基底：信任感。只有當參與者彼此互相信任，才能真誠透過互動，分享心底最真實的想法。

如果缺乏信任關係，在接下來分享的過程中，參與者將無法真誠地發表內心的想法。所以領讀人必須從讀書會一開始就思考如何讓大家建立起信任感，並讓每個參與者都能做出「有效的分享」。

建立信任的關鍵技巧

建立信任的訣竅在於：由小而大，循序漸進。

讀書會的暖場階段，領讀人可以藉由一些簡單小活動凝聚彼此信任度。最簡單最直接的信任度建立就是自我介紹。透過自我介紹，參與者間將建立起基礎的認識。因為時間有限，每個人的自我介紹內容最好以精簡為宜，又必須要清楚扼要地把自己的特點說明清楚，領讀人可以提醒參與者掌握以下幾個介紹重點。

【基本介紹】	個人姓名（綽號） 目前從事行業 先前從事行業
【進階資訊】	出生地、成長環境 星座和興趣 主要閱讀書籍取向 個人興趣 參加讀書會的原因

透過簡要的問題，參與者大致能夠理解彼此的背景，迅速建立信任感基礎。

接下來更進階的信任度建立，不妨透過一些預設好的簡單問題，建立小組內部的互動討

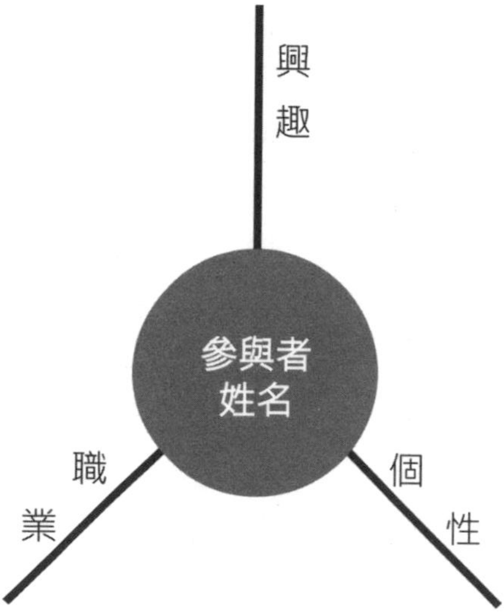

自我介紹的方向

自我介紹的要點

論，或透過比手畫腳等簡單互動遊戲，提高參與者表達意願的氛圍。

在分享與互動中，透過溝通、互相理解，建立更高層級的信任感。

打造開放氛圍，讓參與者暢所欲言

在建立信任感的過程中，最常遇到的問題是，因為每個人性格不同的緣故，有人會特別想要發揮、說話，因而佔據了過多的時間，而有些人則從頭到尾都不想開口，喪失了表達的機會。領讀人必須特別注意這種不公平的狀況，建立起公平開放的氛圍，避免讓讀書會只淪為少數人暢所欲言的環境。

為了保證每個人都擁有足夠的發言時間，領讀人不但要確保參與者的發言時間，更要試著引導每個人都發言。

在此階段，領讀人必須多方觀察，對於沒有發言或抗拒發言的人，試著主動提出問題，指名對方回答。如果對方閃避，可以先讓對方思考後再請他發言。

有些領讀人可能會覺得，假使有參與者不願意說話表達，或討論重心只集中在少數人身上，也不用過度勉強，只要討論熱烈、氣氛和諧即可。但在一個以人為主的讀書會中，核心精神在於分享，只有每個人都願意分享、表達，才能一起享受互動的過程，並從中得到收穫。如果表達僅限於少數人，其他參與者可能會覺得自己在過程中可有可無，下次就不會再來了。這對一個把目標放在長期經營的讀書會而言是非常危險的。

另外透過眾人的表達，我們也能清晰看到，哪些觀點是大家都很留意認同的。這些認同的部分，也會是接下來議題設計的聚焦重點。

最後在暖場的階段，領讀人除了建立互動基礎之外，還要強調一個非常重要的觀點：沒有誰的觀點絕對正確，也沒有誰的想法必然錯誤。

團體分享並不是為了確立正確、否定錯誤的觀點而存在，而是集眾人之力，一起思考不同觀點背後的成因與邏輯。擁有足夠開放的視野，才能激盪每一個人的智慧，創造出更好的成果。

本節重點回顧

- 讀書會暖場階段，重點在於建立彼此信任，訣竅在於：由小而大，循序漸進。
- 透過暖場階段，領讀人傳達「沒有誰的觀點絕對正確，也沒有誰的觀點必然錯誤」的分享觀念，為後續分享討論打下基礎。

帶讀：拆大作小，透過團體力量深入學習

主持讀書會多年，我發現作為領讀人的最大難題，不在於團體的氣氛是否融洽，也不在於參與者表達的內容如何，而是一個非常非常基礎的問題——參與者沒把書讀完。

通常會來參加讀書會的人，都對自己有所期許，希望能在會前把書讀完，但礙於時間與精力，絕大多數的人很難真正做到這一點。

還有一些參與者可能早早讀過了書，但時間一久，記憶不深，等到了讀書會舉行時，也已經忘得差不多了。

還有一些份量厚重、內容艱澀的書籍，光憑個人之力想要通讀，難度很高。

如果我們強制要求每一位參與者都必須先把書讀透了再來參加，很有可能會降低參與的動力，反而導致讀書會難以進行。

再者，許多企業讀書會的成員平時忙於工作，很難有多餘時間撥空讀書，但因為上級主

管要求必須參加，因此抱持著「混過就好」的心態，他們的閱讀可能非常潦草，翻翻開頭、翻翻結尾，看看目錄大綱就了事。

但如果閱讀基礎不穩，參與者很難理解完整內容，更別提表達與感受、將所讀與生活、工作經驗結合了。

因此無論是怎樣的讀書會，我都強烈建議領讀人必須透過帶讀，讓每一個人重新把指定的書籍徹底讀過一遍。

但如果想在限時的讀書會中規畫出三、五個小時，讓大家放下一切，從頭到尾專心把書讀一次，是不切實際的。這種時候，作為領讀人必須使用快速拆書的技巧，透過群體的力量，讓每個人能夠在最短的時間內，快速閱讀、吸收、學習書中各章節的內容。

快速拆書的技法分成兩個階段，剛開始透過分組方式，針對書中內容進行知識萃取，緊接著透過幾種有效的技巧，來引導所學、加深參與者印象。

知識萃取：針對書中知識點，分組研讀討論

想要透過傳統閱讀法，在二、三個小時內，讓讀書會的參與者逐字逐句讀完一本四百頁的書籍，是不可能的任務。但透過知識萃取，就有可能達成不可能的任務。該怎麼做呢？

步驟一：領讀人發掘書中知識重點

在讀書會開始前，領讀人必須先讀完書，挖掘出書中每個章節中的重點。

步驟二：領讀人安排如何分配

讀書會開始時，領讀人就現場參與人數、分組狀況進行判斷，衡量哪些章節可以透過分組閱讀、討論進行，哪些章節應該由領讀人親自講解。

比較單純的知識點，可以透過領讀人簡單解說讓大家理解，但針對內容較為龐雜的知識點，最好透過分組閱讀方式進行學習。

步驟三：適當、適量，透過分組拆書，強化學習

分組閱讀的基準是：一組不得少於兩人。

也就是說，如果一本書有十二個章節（十二個知識點），必須拆分成十二組時，每組人數至少要在兩人以上，總共參與者至少二十四人。

但如果一本書有十二個章節（十二個知識點），而讀書會參與者只有八個人時，兩人一組，分為四組，每一組必須負責三個知識點。

如果讀書會的參與者太少，領讀人可以安排部分章節由小組閱讀、討論，但有些章節由自己來做導讀。

無論是分組、拆書，都必須思考參與者的負荷能力，假使書中知識點過多，而參與者很少的狀況下，強行壓迫參與者在短時間內閱讀過多的內容，反而容易造成參與者難以透徹思考分析、壓力過大；但如果知識點很少，而參與者過多，每一組分配到的閱讀量太少，參與者很容易分心散漫，滑手機、閒聊，最終事倍功半。

但分組閱讀和知識共享是兩回事，即使每一組都把負責的知識點讀完了，又該如何抓出重點、分享出來，讓其他參與者同步吸收呢？這就要仰賴萃取技法了。

一三一法：抓出重點，串聯知識與生活

閱讀一本書有很多種不同的方式，在經典巨作《如何閱讀一本書》（*How to read a book*）中，作者莫提默・艾德勒（Mortimer J. Adler）談到了閱讀的四種層次：基礎閱讀、檢視閱讀、分析閱讀與主題閱讀。而「一三一法」，就是從其中的第三層境界分析閱讀中衍生出來的一套快速學習、理解的方式。

簡單來說，想要做分析閱讀，必須先找出書中的關鍵字，譬如專有名詞，或者是經常反覆提到、常常出現的字詞。圍繞關鍵字的論述內容通常都是作者的重要觀點，只要讀者能夠將書中的這些觀點組合起來，就能理解整本書的內容。

簡而言之，所謂的一三一法，分別是：一句話、三個重點、一個應用點。

找出書中精華的「一句話」

如果領讀人想利用一三一法帶讀，必須讓參與者找出書中最關鍵、能夠統括表達全書精華的一句重點。

這句話可能是來源於書本的內容，也可以是在分組閱讀後，討論出來的一句話。

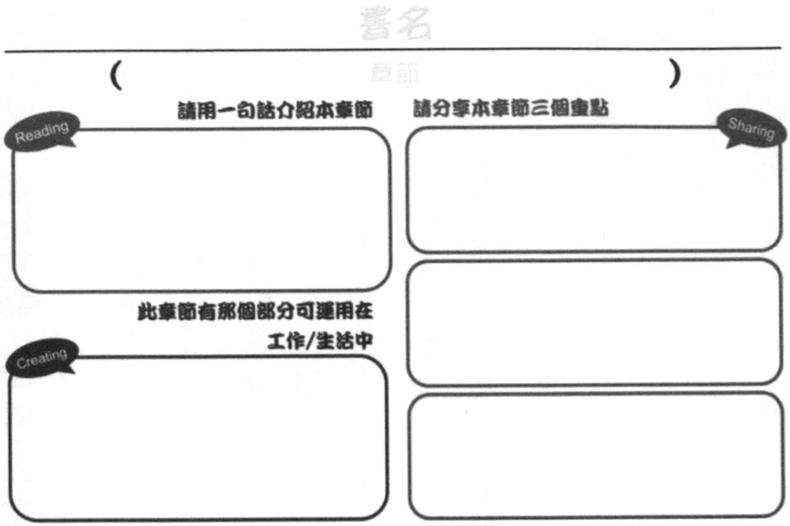

一三一法的學習表單

找出支持全書精華的「三個重點」

在討論出全書精華的那句話時，同時找出三個能夠解釋精華所在的關鍵重點，作為輔助的立論點。

找出書中知識與生活結合的一個「應用點」

學習不僅是紙上談兵，更要與現實生活相結合，才能達到加深印象、學以致用的功效。在找出一句精華、三個重點後，必須讓每位參與者一起思考，在獲取知識的同時，如何將得到的知識與工作或生活結合，幫助我們拓展知識運用性。

便利貼法：提煉知識，強化學習收穫

所謂便利貼法，就是參與者在閱讀之後，經過整合、思考，將想法填寫在這三張便利貼上。這三張便利貼，分別以三種不同的角度來描述你的學習收穫：

第一張便利貼——描述知識重點。精簡描述閱讀的章節內容重點。

第二張便利貼——連結過往經歷。針對個人的過往經歷，找出與書中內容有關連的事件，描述知識與事件的連結之處。

第三張便利貼——建議應用場景。結合書中的知識點與過往經歷，思考如何把所學運用在未來的生活和工作中。

當每一個參與者都整理好便利貼內容後，以小組為單位，先在小組內部分享彼此寫下的內容。最後組內票選出代表，在讀書會中向大家分享。

透過便利貼法，不只是整合書中知識點，更進一步將知識與個人經驗連結，最後透過分享，鼓勵所有參與者應用所學，落實在生活中。

怎樣才算是真正讀完一本書？

許多初次參與讀書會的學員，到這個階段完成時，總會滿懷疑惑地詢問：「這樣就算讀完一本書了嗎？」

我很肯定地回答，「是啊！」

他們臉上難掩不安，「怎麼這和我以前讀書的方法不一樣？」

我反問：「你以前是怎麼讀書的？」

回答大同小異。「翻開封面，從第一頁、第一個字開始讀起，一直讀到最後一頁為止。」認真一點的學員還會提出自己的讀書方法，「我會準備螢光筆和尺，看到重點就標記起來，或是摘要做出讀書筆記，加強記憶。」

確實，這些都是很好、很完整的讀書方式。但在回答「這樣就算讀完一本書嗎」的問題之前，先讓我們理解一個最基本的問題：

什麼叫做真正讀完一本書？

在傳統的教育中，所謂讀書，就如同那些初次參與的學員們所言，從第一頁讀到最後一頁，把書中的重點和內容死記下來。

但是這樣讀書，你真的讀進了多少內容？又有多少知識為你所用了？

回憶一下學生時代，為了考試拚命學習的成果吧！即使當時能夠記住書中內容，但過不了多久，在考試之後，就都忘得乾乾淨淨，還給老師了。

可見檢視一本書是否真的被讀完的標準，並不是在於用哪種讀書方式，而是讀完之後，我們的行為和認知是否產生了不一樣的轉變。

換言之，學習不拘於形式，只要能夠促使行為和認知想法發生改變，無論是以一三一法作為分組拆書的閱讀分享，或是利用便利貼法的知識提煉技巧，都是彌足珍貴的學習。

本節重點回顧

- 考慮參與者學習動機與熱情不一，建議領讀人必須透過帶讀階段，帶領每一個參與者把指定書籍讀過一遍。
- 使用快速拆書技巧，促使每個參與者在最短時間內，快速閱讀、吸收、學習書中內容。
- 一三一法、便利貼法，都能有效快速掌握書籍重點，提升學習速度。
- 檢視一本書是否真的被讀完的標準，並不是在於用哪種讀書方式，而是讀完書之後，我們的行為和認知是否產生不一樣的轉變。

引導討論：透過議題，創造豐碩的學習成果

在經歷過前面的開場、暖場與帶讀階段後，參與者們漸漸對讀書會產生認同感，在接下來的分享階段以及創作階段中，醞釀出更強的學習意願。

很多人覺得，讀完書就夠了，但在讀書會的學習流程中，當我們學習了知識點後，緊接著要做的是「創造碰撞」。碰撞的意義在於，學習知識是從無關到有關的過程，因為重新疊加、新增元素或者是過濾刪減，會令原本熟悉的事物發展出新意義，這就是「知識創新」。而讀書會的分享階段，就是透過跨界思考，讓各領域的知識產生碰撞。

作為領讀人，在分享階段必須扮演引導討論的角色，並且透過創造，把碰撞後的結果，轉化成每一個人都能應用的產出，激盪出更好的學習成果。

以下就來理解，該如何帶領讀書會進行引導討論。

設定開放性的良好議題

討論是良好的學習反芻。好的議題能夠激盪人的思考。相對而言，平乏普通的議題，容易讓人陷入思想的泥沼。這也就是說，議題好壞將決定讀書會共享階段的成敗。

如果能夠設計出好的議題，參與者將可以用開創性的思考方式，從不同的角度思索問題的解法。

那麼，領讀人該如何引導參與者，設計出好的議題呢？

找出容易引起共鳴的知識點

領讀人除了必須理解書中的知識點之外，還要深入理解從參與者的角度來說，哪些知識點是最有共鳴、最切身的。

因為唯有引發切身共鳴感，人才會主動把所學的知識融入生活和工作中，並且強化效率，發展出開創性的突破。

考量參與者的專業知識與需求

領讀人事先理解每一位參與者的資料，做好需求分析，從書中篩選出值得被參與者接受的知識點。例如我們可以先理解來參與者的專業背景，試著從有限的資料中，推導出參與者未來在工作和生活上可能需要用到的知識點。

用開放性的引導標準設定議題

領讀人在布局安排時，應將重點專注於實踐，引導參與者思考如何將知識點運用在工作與生活中。所以議題的設定最好是能夠以「開放式」問題來引導群眾的思考。

三個步驟建立領讀人的議題引導力

在引導討論的過程中，設定開放性的議題是團體分享的重點，只有開放，才能讓結果不限於單一的是非應答。即使是同一個問題，透過不同的切入視角，可以導出不同的回答，但如何讓大家都能思考、討論，便仰賴於領讀人對於議題的引導能力。

因為即使有好的議題，但眾人的想法如果仍舊古板、保守，只循既有的認知路線思考，也很難激盪其他人從不同的角度思考。

前面我們談到了如何設定開放性的好議題，而到了實際討論的階段，更要注重領讀人的引導力。

Question：拋問題

透過事前準備，領讀人可以預先設定好，足以讓參與者突破過往思考脈絡的問題，並利用向參與者拋出問題，刺激每個人思考，從不同角度檢視。

所謂拋問題，不只是單純朝參與者亂扔問題。而是要透過說明、擬定等動作，把問題拋得恰到好處。

主題說明（Define）

在拋出問題前，先針對議題進行解說，讓參與者知道接下來要進行哪些議題探討，並盡量把議題與個人生活、工作相連結。

擬定問題（Design）

團體討論時經常會出現一個困境：領讀人拋出問題，但底下沒有人願意主動回答。這時身為領讀人，必須透過各種方式，鼓勵參與者加入討論。最好的方式是針對題目，設定兩到三種的指引，協助參與者思考和表達。

Follow up：要跟進

做為領讀人，我們必須主動協助參與者討論，並引導參與者由淺入深的思考問題。因此在拋出問題後，領讀人必須以教練引導的方式，逐步帶領參與者。

要如何才能做到完美的引導，每個領讀人可以透過自問三個問題，調整修正自己的引導。

第一個問題：試想最終的景象

試問自己，在這場討論的最後，你預想要得到怎樣的結果？期望看到什麼樣的狀態？整個討論過程將會呈現什麼樣的場景？

第二個問題：為什麼不去行動

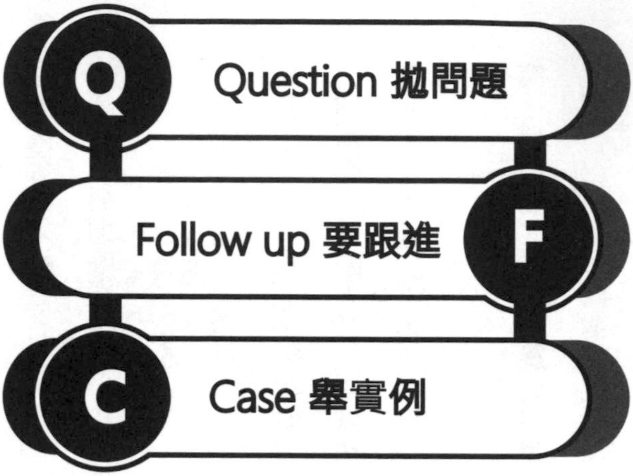

建立議題領導力

如果預想的最終結果與現實有差異，你該如何去修正、調整？為什麼不去修改、挑戰？哪些是你最在意的要點？

第三個問題：下一步要做什麼

不斷自問要如何進行下一步，而不是等結果出來了勉強接受。在討論的過程中，領讀人必須領先參與者，更早知道自己的下一步反應與行動。

Case：舉實例

舉例是一個領讀人經常忽略但非常重要的要點。要知道，幾乎每一個人都喜歡聽故事，因為故事能夠讓人們產生共鳴感、生出有畫面的想像。因此在引導的過程中，領讀人必須適時舉出案例，吸引參與者注意，必削減雙方的認知落差。

所以領讀人在討論的過程中，應該多多準備、思考如何運用實際案例，讓參與者能夠更深入理解內容。

在講述、討論的過程中，領讀人應該不斷自問：

Real：關於這個狀況你能舉一個實際的例子嗎？

Soon：可以舉一個最近發生的例子嗎？

Often：能夠舉一個經常發生的例子嗎？

將例子融入討論中，除了能夠加深參與者的印象，還有助於他們更深入理解，更容易吸引注意力。

本節重點回顧

- 好的議題必須：容易引起共鳴、配合參與者的專業知識與需求、具有開放性引導標準。
- 說故事容易引發共鳴，因此討論議題時必須適時舉出案例，讓參與者能夠深入理解。

共同創作：將虛無的知識化為圖像的記錄

創作是人類展現自我想法的手段。透過創作，人與人之間能夠更有效的彼此交流。在讀書會中的共創階段，領讀人將帶領參與者，有系統地展現心底的想法。

讀書會的創作分為兩種，一種是讀書會的參與者透過特定的創作手法，將針對議題的討論內容、不同解答，以視覺圖像的方式，在圖紙上留下記錄。在這個過程中，經常使用的手法有三種，分別是：心智圖、曼陀羅法與子彈思考法。關於這些技巧，我們將在接下來第四章內容中，詳細說明操作方法。

而這些創作的記錄，不僅讓參與者透過書寫、思考，凝聚共識，更能幫助釐清思緒。

透過網路社群，對外發表「可看見的創作記錄」

而另一種創作層面則是對外的，強調「被看見」。譬如說透過社群媒體、網路軟體，將讀書會討論凝聚的結果，記錄起來並對外分享。對於參與者個人來說，檢視討論後的記錄，可以快速回憶起活動時的情景並重溫討論過程，也能透過記錄證明個人成長。

對於有目的想要透過行銷曝光或營運活動的社群團體來說，分享記錄，更有助於活動宣傳並向外發展社群。

即使沒有想要擴展社群團體，企業內部營運的讀書會在活動後留下網路記錄、對外分享，不但可以證明每一次讀書會都有所收穫之外，更能強化已參加者的向心力，並挑起未參加者的好奇心。

這也就是說，一個好的讀書會創作流程，應該可以加強參與者兩種信念：

強化群聚印象

讓未參與者感受到讀書會活動的熱烈與溫度，對此留下深刻印象。日後有參與讀書會的需求或想法時，自然會受到吸引。

建立歸屬感與成就感

每個人都希望得到群體認同，以滿足個人的歸屬感。透過讓參與者彼此分享，不但可以疊加個人對於讀書會的認同感，也能從視覺上直接看到讀書會的豐碩成果。

如果一場讀書會到最後沒有留下創作記錄，展現出彼此參與的成果，外人不知道讀書會到底在做什麼，參與者也會漸漸淡忘初衷。我曾經看到許多讀書會，開始時因為領讀人用心設計，吸引了很多參與者，但後來來的人卻越來越少，成員的向心力也不足，漸漸就無聲無息地散掉了。檢討問題原因，就在於領讀人與參與者著重帶讀、討論，卻疏忽了創作記錄，最終不了了之。

透過視覺化圖像，強化展現效能

提到社群記錄、展示，通常大家在第一時間所想到的，是在社群中發表讀書會的活動記錄照片。但如果單單只發活動照片，雖然氣氛活潑，但很容易失去辨識度。一場讀書會與上課、講習彷彿沒有區別。

對讀書會成員來說，留下記錄是證明自己參與過、付出過，回看記錄，就回想起自己在讀書會中所學所得。而身處外圍，不明白讀書會在做什麼的局外人來說，透過社群展示分享，他們將約略理解讀書會流程，並可能因此受到吸引。

所以創造「視覺化的圖像」，在記錄上非常重要。

除了照片、優秀的筆記或圖像表達手法以外，你可以透過文字輔助圖片，記錄當天所探討的議題、不同參與者的意見和想法，以及如何在生活中落實，實踐所學。

而社群的公眾曝光，除了強化參與者們的信念和想法，近一步連接到生活的展現，也自然吸引有相同想法或共鳴的人加入下一次的讀書會，連結原本屬於「弱連結」的人，壯大我們的社交圈。

本節重點回顧

- 讀書會的創作分為兩種，一種是讀書會參與者將討論內容、解答，以視覺圖像的方式，在圖紙上留下記錄；另一種創作層面強調「被看見」，例如透過社群媒體、網路軟體，記錄並對外分享。

- 對讀書會成員來説，留下記錄證明自己參與過、付出過；回看記錄，可回想起所學所得。
- 對於非成員而言，透過社群展示，可約略理解讀書會流程，並受到吸引。

產出與下次預告：繼往開來，為下一次做準備

我所創設、帶領的「大書社群讀書會」今年已經近四歲了，根據統計，其中有一半學員固定參與讀書會時間已經超過三年。這些學員幾乎都是上班族、專業工作者，也就是說，無論他們平日工作多忙，但到了時間，總會放下一切參與讀書會的活動。

那麼，到底是什麼力量，促使他們持續不斷、持之以恆？

經過了解，我發現，他們會每個月固定參加讀書會的原因有兩點，第一點在於他們發現，只要花一個晚上的時間，就能完整、深入地了解一本書，以投資報酬率來說，這一個晚上的付出是非常值得的；第二點是第一點的延伸，除了了解一本書以外，他們還能夠分析出書裡的知識點，並知道該如何加以應用。

這也就是說，對這些能夠持續不輟參與讀書會的學員而言，他們都察覺到了，讀書會對自我知識提升是有絕對的好處的。

一個好的讀書會收尾，會吸引更多參與者加入

為了讓更多人能夠體認到讀書會的優點，吸引他們繼續來投入學習，有三件事情，是領讀人在每一場讀書會的結尾，必須一定要執行的。

一、讓參與者看見學習的成果

領讀人和讀書會的營運團隊，必須協助每一位參與者都能看見自己今天的學習內容及成果、收穫。這個「看見」，與我們上一節中談到的共同創作息息相關，也就是說，要讓參與者能夠直接檢視到自己討論、整合後的結果。

這是因為RSC社群讀書引導術的最大價值，正是能夠讓參與者可以有系統、有結構地透過學習，得到具體成果，也因為這些成果，讓他覺得花費時間去投入、投資學習是值得，且價值超乎預期。

二、讓參與者分享收穫的內容

請每位參與者簡短地在讀書會的最後，分享自己今日收穫的內容。

當參與者必須公開去分享個人心得時，他會反思所經歷的一切，並審視已獲得的成果。

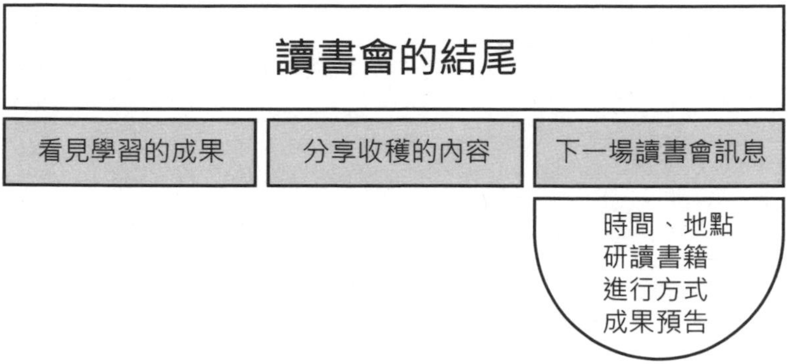

讀書會結尾的三大重點

更重要的是，當一個人主動分享，其他參與者也會因此再次回想今天所經歷的一切，重溫學習到的知識與創作成果。

三、**告知參與者下次讀書會的訊息**

在每一場讀書會的總結，我總會特別花一點時間，針對下一次的活動進行時間、地點，和我們要研讀的書籍與相關的進行方式、預期將獲得的成果，做完整的告知。

因為讀書會是自發性的活動，如果沒有邀請或宣傳的過程，很多人會因為懶怠或缺乏動力，選擇打退堂鼓，不再參與。因此在讀書會的最後，我會提醒大家下一次的活動訊息，並用「會學習到什麼」作為誘因，吸引參與者下次再來。

本節重點回顧

- 一場好的讀書會結尾，必須達成三件事：讓參與者看見學習成果、分享收穫的內容、告知下一次讀書會訊息。

總結、驗證學習收穫的技巧

社群讀書引導術的最後一環節，也是領讀人最重要的關鍵，在於「總結，學習收穫」。擔任讀書會領讀人的責任，不僅是幫助參與者思考、應用知識，更重要的必須在每一個階段協助參與者梳理、總結內容重點，並引導、提點，協助參與者做出更好的思考。

這一點極為考驗領讀人總結能力。所以當領讀人帶讀的時候，必須掌握每個參與者討論、表達的內容，理解對方的含意，才能做出全面的歸納總結。

透過圖表，檢核讀書會個階段流程內容

在設計每場讀書會時，領讀人可以透過簡單的檢核點，掌握學習不同階段創造的效益。以下是從開場到產出的每一個步驟中，分別該檢核的內容：

讀書會階段檢核表

步驟	主題	階段重心	領讀人自我檢核問題
一	開場	建立意義並設定共有目標	你有以用戶思維作為開場的依據嗎？
二	暖場	建立信任的氛圍	你有讓彼此充分了解，進而建立信任嗎？
三	帶讀	拆書學習、萃取知識	是否透過正確的分組，讓大家有效獲取書中的知識點？
四	引導討論	引導參與者透過不同角度進行討論	1. 是否透過議題，引發參與者思考如何將知識運用到工作或生活中？ 2. 是否引導大家針對議題充分進行討論？
五	共同創作	將讀書會內容化化成圖像實體，透過社群發表「可看見」的成果	是否讓參與者去思考，如何應用知識點去創作可能實踐的步驟？
六	產出與下次預告	驗證學習收穫的總結	是不是讓每一個參與者都做了產出，並呈現出結果？

在使用這個檢核表單時，領讀人必須注意三點，分別為：適應性、時效性、多元性。

適應性：書籍知識點與個人需求點的精準連結

很多人認為，只要有一本書或一個主題，就可以吸引外人來參加，這種想法過於樂觀，因為人們只有在出現問題時，才會想知道該如何解決。

所以在安排讀書會前，領讀人應該思考「什麼人會需要這些知識」？至於看起來不需要這些知識的人，應該設想「他們學習後會得到怎樣的好處」？

舉例來說，之前我曾舉辦過一場讀書會，閱讀的是《付費》這本書。此書主要探討知識付費的商業模式，以及知識工作者該如何設計出自己的商業模式。

在進行讀書會之前，我同樣以上述兩個問題自問：「誰需要了解知識付費的商業模式？」、「目前誰是知識服務產業的主流？」

再繼續深入，我會思考：「哪些知識最需要知識服務者？」、「各產業中不變的知識價值點哪些？」、「知識付費後的下一階段將會是什麼？」

經過延伸思考所得出來的答案，與現實連結起來，就是我在舉辦這場讀書會時，尋找參與者的期待。

由此可知，所謂適應性，是思考知識點與需求點之間的連結。想通這些，領讀人就能找出哪些人會是這場讀書會的參與者、引導參與者將所學的知識點運用在哪些方面、如何激發個人在哪些層面進行思考。

時效性：在速度與深度間找到平衡，控制時間需求

所謂的時效性，是針對各階段做好時間點的掌控。因為讀書會僅有兩、三個小時，每一秒鐘都很重要。

從開場到結尾的六個階段，都必須預先設定時間上的控管點，因為無論在哪個階段，難免會出現拖延的狀況。例如在帶讀的過程中，即使分配到相同的內容，每個參與者的閱讀和討論速度卻截然不同。有人可能只花二十分鐘就完成閱讀、掌握重點，但有的人可能讀了一小時還不知道自己在讀什麼。

在引導討論的階段，也經常發生有些人過於沉醉分享，講述時間過長，或是花了很多時間在分享，卻一直沒有講到重點的狀況。

後續共同創作的流程裡，不同的人在思考的速度和反應上也截然不同。有人可能想了半天仍不知道該如何運用所學到的知識點……總之，因為參與讀書會的都是人，所以充滿了變數。

為了減少時間掌控的難度，我會建議領讀人，針對最容易出狀況的三個階段預先做好準備：

階段	準備事項
閱讀階段	事先摘取適量的各章節知識點內容，讓參與者能夠在讀書會前有所準備。
分享階段	1. 分組時，提醒組長注意各組成員分享時間安排。 2. 如果單組人數只有兩人，領讀人必須負責提醒時間，強調分享效率。
共同創作階段	1. 利用共創技巧，有效掌握時間。 2. 先確認將創作出怎樣的結果和呈現方式，再設定每個共創的階段點與時間設定。

時間掌控是整個讀書會過程中最容易忽略的部分。人都有投入的時候，經常因為過於專注，忽略了時間，因此犧牲其他環節的內容。為了避免這種結果，領讀人應該事先全盤了解每一個時間點的設置，在引導時，促使讀書會成員聚焦在重點上。

多元性：建立多管道學習的新感受

在後續第四章內容中，我將詳細介紹社群讀書引導術的九大技法，這九種技法可以視情況在帶讀、引導討論、共同創作階段，活潑運用。不同技法的組合，將導引出不同的讀書會節奏和風格。

所以讀書會將不會只有單一形式，而是配合書籍內容性質、知識點多寡、學習情境、引導技巧，組合出個性化、特色化的型態。

這種多元化的操作能夠讓參與者產生新鮮感，也能夠透過不同的技法，調整學習邏輯、轉變心態和做法，讓知識的學習不會只是千篇一律的老套，而具備多元化的色彩，也更符合參與者的需要。

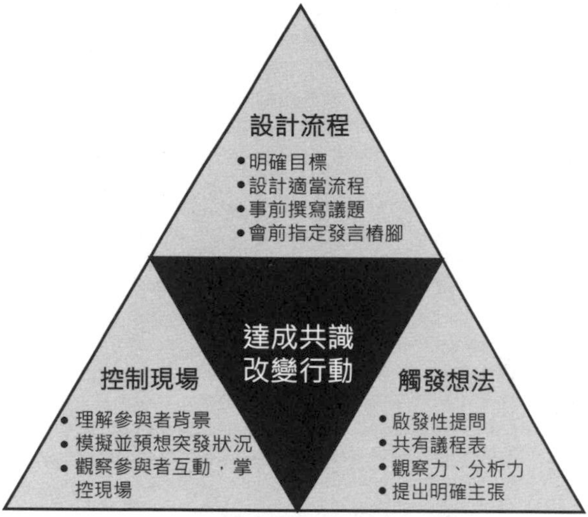

良好讀書會的組成要素

作為領讀人，當能夠掌握引導術六個階段的內容，就會明白這一系列的設定，目的不只是加強學習效率，更是引導參與者在學習的過程中從「知道」到「做到」。

傳統的學習，經常停留在「知道」階段，就像應付考試而讀書一樣。即使學習過程中參與、反饋，但結果都停留在表層的記憶，沒辦法創造出對行為與想法發生轉變的學習。此外傳統的學習經常是單獨進行的。一個人學習，速度緩慢、缺乏互動與團體鼓勵，視角狹隘，但透過讀書引導術的六步驟引導，我們不但可以快速建立起學習團體，還能以系統化方式沉澱知識，並透過小團體的學習、分享，加強回饋深度，且學習活動的時間彈性，在任何時間點都能夠展開學習，更能透過互動與回饋，強化學習的動能，最終將所學與個人生活連結，確實感受到學習知識所帶來的改變。

領讀人經驗談

根據我的領讀經驗，如果一場讀書會時間控管得宜，卻無法達到良好的學習、共創成效，這時領讀人應該檢討，是不是讀書會的設計出了問題？

有些書籍的內容和知識點過於豐富，卻被硬塞在一次讀書會中學習，導致參與者負擔過於沉重，可能必須經過兩次、三次，或半年多次讀書會等方式進行，才能讓每一個人都能把書中知識完整吸收。領讀人應視情況調整，在不延長單次讀書會時間的前提下（超過三．五小時的讀書會，會令參與者感覺疲勞、分心），增加讀書會次數，以確保學習的完整性。

建議領讀人，在增加讀書會次數時，必須考慮中間間隔的時間，不宜相差太遠。一本書如果必須分成上、下兩場讀書會學習，兩場之間的間隔最好不要超過兩個星期，避免參與者喪失期待與投入感，更忘了前一場學到的內容是什麼。

本節重點回顧

- 領讀人必須思考知識點與需求點之間的連結，找出哪些人會是這場讀書會的參與者，激發參與者思考。
- 開場到結尾的六個階段，預先設定好時間控管點，避免活動拖延。
- 一本書如果必須分成上、下兩場讀書會學習，兩場讀書會間隔最好不要超過兩個星期，避免參與者喪失學習興趣。

第四章

領讀人必學的讀書會九大技法

所有工具和手法都是為了獲得成果而被創造

讀書會九大技法

領讀人透過一次又一次的舉辦讀書會，不斷積累經驗和技巧，但對於讀書會的參與者而言，如果一直參加的都是同樣型態、同樣型式的讀書會，很有可能因為缺乏變化而感覺彈性疲乏。

此外不同類型、主題的書籍，不可能都用同一種方式進行拆解、閱讀、分享、學習。為了讓讀書會長久運作，並且配合不同主題進行，我們在帶讀、引導討論和共同創造等階段，可以配合情況需求彈性調整，使用不同的技法，以達到最好的團體學習效果。

總括來說，搭配讀書引導術運用的是九種技法，分別為：

1. 一三一法。
2. 議題精讀法。
3. 便利貼法。

4. 子彈思考法。
5. 動態辯論法。
6. 小S引導術。
7. 心智圖法。
8. 曼陀羅法。
9. World Café。

這九種技法各有適合施行的階段、情境與屬性（詳見下頁列表整理），能夠達成的效果也有不同的差異，作為領讀人，必須熟悉這九種技法，才能靈活運用，得到最好的成果。

本章我們將就九大技法的適用狀況、所需條件、技法操作流程、成效等方面，與領讀人在使用技法時必須注意的事項，逐一說明。

社群讀書引導術九大技法與適用階段

階段	九大技法	適用情況	適合帶讀階段	適合引導討論階段	適合共同創造階段
共讀（Reading）	1. 一三一法	新知多，知識點多	●	●	
	2. 議題精讀法	舊知多，知識點多	●	●	
	3. 便利貼法	新知少，知識點少	●	●	
共享（Sharing）	4. 子彈思考法	認知導向		●	
	5. 動態辯論法	應用導向		●	
	6. 小S引導術	問題導向		●	
共創（Creating）	7. 心智圖法	對策導向		●	●
	8. 曼陀羅法	異質導向		●	●
	9. World Café	創意導向		●	●

能夠快速掌握內容重點的「一三一法」

技法適用情況

1. 適用於帶讀階段、引導討論階段。
2. 必須快速掌握書籍內容、重點，或凝聚共識的討論和創造階段。
3. 書籍內容豐富，知識點較多。
4. 參與者沒有熟讀書籍內容。

操作技法所需條件

1. 抽籤。
2. 每位參與者都必須自備一本書。

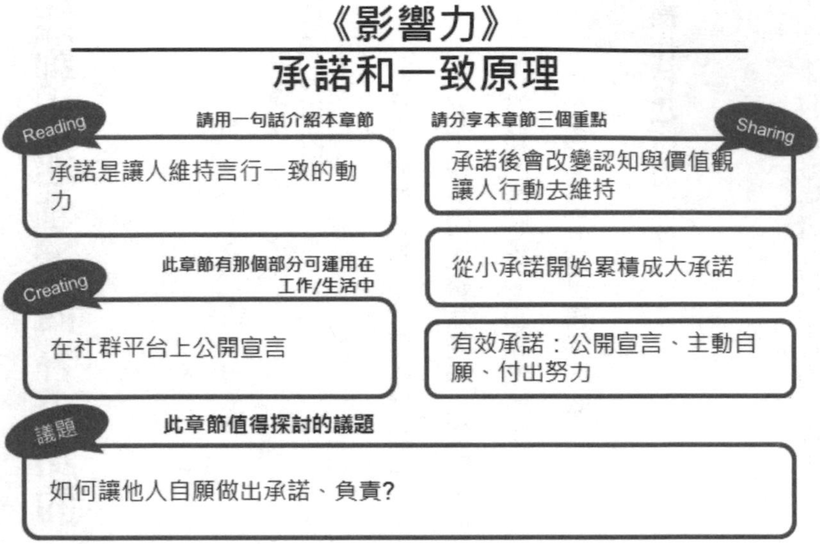
《影響力》
承諾和一致原理
Reading
請用一句話介紹本章節
承諾是讓人維持言行一致的動力
請分享本章節三個重點
Sharing
承諾後會改變認知與價值觀讓人行動去維持
從小承諾開始累積成大承諾
有效承諾：公開宣言、主動自願、付出努力
Creating
此章節有那個部分可運用在工作/生活中
在社群平台上公開宣言
議題
此章節值得探討的議題
如何讓他人自願做出承諾、負責?

一三一法表單實例

技法操作流程

步驟一：分組

領讀人可以視指定書籍的章節總數或知識點分布，將參與者分成幾組。舉例來說：書有十章，參與者四十人，就分成十組，每組四人。

步驟二：決定章節

領讀人分派各組選擇章節，或利用抽籤方式，讓每一組分配到份量均等的章節內容。

步驟三：個人抓重點

小組成員就分配到的章節，在限定時間內完整閱讀一遍，每個人都在閱讀中抓出自認為最重要的三個重點。

步驟四：達成共識

結束閱讀後，小組成員在限定時間內，分享各自掌握的三個重點，再透過共同討論，確立出該組公認的三大重點。

步驟五：團體分享

1. 另組A、B兩圈。
2. 打散小組成員，將每組成員中的一半人分去A圈，另一半人派去B圈。例如小組成員為四人時，兩人分到A圈、另外兩人分至B圈。
3. 分派到兩圈中的十組成員，分別在該圈內分享全組公認的三大重點。

成效

一三一法是讀書會中最常使用的技法，幾乎多數讀書會領讀人都會採用。

它之所以如此頻繁被使用，是因為能夠讓參與者在短時間內，透過團體的力量，共同讀完一本書。除了帶讀時適用之外，也很適合在引導討論的階段，讓團體成員透過討論、表達，溝通議題內容與意見。

此外，共讀同本一書，不僅可以加快學習效果，還可以進行思想上的碰撞。又因為必須由兩人以上共讀同一章節，也會使得最終得出的重點、觀點更為全面，解讀也更客觀。

領讀人注意事項

領讀人必須預先對於書中章節、內容大要有一定的理解，詳知知識點屬性。例如領讀人必須先判斷這是一本工具應用的書籍，或是知識觀點介紹型的書籍。這判斷有助於在分配章節時，能夠提點參與者知道該如何找到內容重點。

此外，在進行一三一技法前，領讀人必須先向參與者解釋，除了閱讀書中內容之外，還必須將讀到的內容整理重點，並與小組成員相互討論，達成共識。

適合深度理解與應用的「議題精讀法」

技法適用情況

1. 適用於帶讀階段、引導討論階段。
2. 適用於指定書籍內容需要詳細閱讀，或無法單純閱讀吸收，而必須透過多人針對議題進行討論的讀書會。

操作技法所需條件

事前擬定議題列表。

技法操作流程

步驟一：設計流程與議題

1. 領讀人事先思考該如何操作流程，並規畫好議題。
2. 為避免現場討論時冷場，預先指定發言者（樁腳）。

步驟二：引導討論

1. 領讀人需適度引導討論，並根據參與者的回應連結到議題本身。
2. 透過議題讓參與者反思現行遇到的問題，例如在閱讀《團隊建立的五大障礙》一書時，請大家思考在自己的組織中，通常沒有辦法形成共識的原因有哪些？

步驟三：觸發，結合想法

透過提問觸發參與者思考，整合想法，例如：在閱讀《團隊建立的五大障礙》一書時，從收集到的參與者問題，請大家在書籍找到應對的方法。

步驟四：達成共識，改變行動

激盪全員腦力，列出改變行動共識，例如：在《團隊建立的五大障礙》讀書會中，引導參與者找到自己解決問題的對策與行動方案。

成效

議題精讀法因為經常使用在必須精讀書籍內容，或需要參與者們透過討論，達成深度理解、實際應用的讀書會中，所以特別著重在參與者互動的環節，強調所有討論都必須做到觀點分享、互相討論、達成共識三個要點。

領讀人注意事項

須對議題有全面理解並做好預先規畫

一個有深度的議題，能夠吸引參與者主動加入討論，但如果議題討論空間過於單薄，缺乏討論與交流空間，自然很難吸引參與者。領讀人在事前應有足夠準備和議題規劃。

必須適度協助，引發參與者討論

在帶領議題精讀法時，經常碰到的問題是在有限時間內，參與者想不出來，或是思緒卡在某個環節上難以解套。但因為讀書會時間有限，拖慢時間有可能拖垮整個活動的節奏，所以當碰到這種狀況時，領讀人必須出面排除問題。

解決問題的方法，並非跳過問題，而是透過引導思考帶領參與者走出困局。引導思考的最簡單方法，可用「另一種角度」來切入。例如當參與者聚焦於某一點無法解套時，領讀人可以從反向提問：如果身在對立面時，參與者的想法又會如何？並帶領大家逐一審視其中哪裡可供借鏡與參考。再依此思考點作為問題引導的設計，讓議題的交流進行最大幅度討論。

我曾經帶領過百度儲備總監的讀書會，指定讀物是總監必讀書籍《上任第一年2》。在領讀過程中，請大家從書籍中找出較值得討論的問題，其中一位學員提出問題是：「新上任的主管，是否必須先了解部屬們的個別想法？」因為這是一個封閉性問題，引出的答案多為是或否，參與者無法就個人想法或經驗做發揮。所以我協助修正他的議題，改成：「當你擔任部門主管的時候，曾透過那些方式了解部屬們各別的想法？請至少列舉三點。」最終我們得到超過二十位主管的經驗分享，他們細數個人初任主管職務時，如何去了解部屬的狀況，內容相當寶貴，每個參與者都有所收穫。

結合個人經驗，迅速學習書中知識的「便利貼法」

技法適用情況

1. 適用於帶讀階段、引導討論階段。
2. 適合研讀厚重但知識點較少的書籍。
3. 適用於書本章節超過二十章以上，每章僅提供一個概念或知識點的書籍，例如：《生活的藝術》這本書章節很多、知識量少，多為概念性的內容，每章僅一個故事與概念。

操作技法所需條件

1. 白報紙：1張／組。
2. A4空白紙：1張／人。

3. 便利貼（三種不同顏色）：3張／人。

技法操作流程

步驟一：分組

領讀人可以視指定書籍有幾個章節，將參與者分成幾組。舉例來說：書有十章，參與者四十人，就分成十組，每組四人。

步驟二：決定章節

領讀人分派各組選擇章節，或利用抽籤方式，讓每一組都分配到份量均等的章節內容。

步驟三：限時閱讀

小組成員就分配到的章節，在限定時間內完整閱讀一遍。

步驟四：每一個參與者分三張便利貼，目的是透過這本書某個知識點，主要激發大家的經驗跟創意。

便利貼張數	主題	書寫重點
第一張	章節全貌	寫下書中的概念描述。
第二張	經驗串聯	連結個人經驗，寫出你的想法或故事。
第三張	未來應用	找出未來可以應用的場景。

步驟五：各組內部成員，互相分享每個人所寫的三張便利貼內容，建立共識，融合為一張，或選出最好的一位。

步驟六：各組推派代表報告，分享該組的結論。

成效

便利貼法的優點在於簡化閱讀時間、快速擷取重點，並可將知識點轉化運用。它的最大特色，不僅是解讀書中觀點與內容，還能與個人經驗互相連結。

在書寫的過程，因為分別寫在不同便利貼上，所以可形成主觀與客觀之間的知識提煉。

領讀人注意事項

便利貼法的操作，重點主要在三個便利貼的書寫上。

領讀人在進行便利貼法時，必須先讓每一個參與者都清楚理解每張便利貼書寫的主題有何不同。當完成書寫後，再引導參與者進行小組討論，讓每一個人從討論的環節中，分享彼此所注意到的重點，以及闡述知識點與個人經驗有何連結。

此種型態的帶讀，雖然能節省閱讀時間、快速掌握其點，但領讀人必須具備對書中內容的足夠理解，預先確認全書章節重點，了解各章節的知識點，並按照知識點做分組設計，讓每一組在共讀時都可以準確萃取到知識點的內容。

適合跨領域、跨界思考的「子彈思考法」

技法適用情況

1. 適合引導討論階段使用。
2. 適用於引出生活或工作中議題的工具書。

操作技法所需條件

1. 白海報。
2. 彩色筆。

技法操作流程

步驟一：預先準備

1. 領讀人篩選書中的方法論或知識點。
2. 透過與個人工作或生活的目標、問題連結，由領讀人發展成議題。
3. 依照參與者人數平均分組。

步驟二：引導學員去分解此議題可能實際發生的小問題，例如在讀《創新者的基因》一書時，引導參與者思考並列舉企業如何推動創新文化最主要挑戰的三個問題。

步驟三：拆解後針對小問題，擬定對策與解決辦法，例如在讀《創新者的基因》一書時，請針對個別挑戰提出可行性的方案。

成效

每一個議題背後，都有必須解決的需求點存在，不同的人因為個人所知和所經歷不同，即使面對相同的議題，產生出的解決方法也不同。

子彈思考法

議題　我想改變自己的晚睡作息

問題	對策
心念太雜	靜坐冥想(放下手機)
回家時間晚	到點就睡覺/起床
失眠晚睡	飲食與運動的儀式

子彈思考法書寫範例

子彈思考法的優點在於能夠突破個人既有認知框架，進行跨界共創。

領讀人注意事項

領讀人必須先設計議題

議題百百種，領讀人必須先思考：這場讀書會裡究竟需要什麼樣的議題？

另外議題設計應以書中知識為基礎。領讀人必須讓每位參與者都知道議題與書本知識之間的連結，並引導參與者去思考，有沒有其他書籍能夠做閱讀學習上的延伸、輔助。

領導人引導參與者拆解議題

設計好議題後，領讀必須向參與者說明如何進行議題拆解分析。

通常議題有兩種：經驗型類型，是根據過去經驗總結出來的問題；未來型議題，是想要解決卻還沒有開始動手的問題。不同類型的議題有不同的拆解方式。

未來型議題的拆解，還區分成現狀與未來兩個階段，針對兩段之間的落差，領讀人可設計階段性的達成目標。

促使跨界交流

子彈思考法最精華的重點在於「跨組解決」。活動流程中，各組設定出自己的議題，除了由各組自行回答之外，也可轉交給下一組來提出解決之法。透過以不同組別的群體智慧，思考他組問題，並提出解決方案，除了可以讓參與者跳脫原有的思考框架，看到不同人對於同一個議題的解決思路，更能讓參與者發現，原來除了自己的最佳解答之外，還可能有截然不同的解決方案。

經驗型議題拆解法

經驗型議題包含時間脈絡，可以將議題拆解成以下三階段重點：

議題時間	拆解重點
準備時期	過往經驗中，我們有哪些議題拆解？
執行時期	執行經驗中，最主要碰到的阻礙點是什麼？
檢視時期	是否有檢視機制，或是衡量成果的方法？

依照上述舉例如下，如果研讀的是關於領導力的書籍，針對經驗型議題，我們可以將議題拆分為：

議題時間	拆解重點
準備時期	在成為主管、領導前，你做了哪些準備？
執行時期	實際擔任領導時又曾遭遇到哪些問題？
檢視時期	是否有準備反饋、精進自己的安排？請分享自我加強的內容。

強調營造良性思辨氛圍的「動態辯論法」

動態辯論法的核心，是從問題點出發做全方位思考，找出各種可能的切入點，而非聚焦在某種正確性上。這種概念如同辯論，必須從對方的視角出發，才能看到各種可能的路徑，提高個人的認知視野。

技法適用情況

1. 適用於引導討論階段。
2. 內容或主題富爭議，需要討論。

操作技法所需條件

1. 每個參與者都分別拿到標示「○」、「×」、和「Cue me」的手卡。

2. 白報紙。
3. 彩色筆。

技法操作流程

步驟一：找出這本書值得探討的議題。
步驟二：領讀人擬定具有爭議性的議題，例如：學習是否比思考更重要。
步驟三：辯論之前，將座椅排列圍坐成圓，讓參加者依次入座。
步驟四：於開場時，先向參與者說明「真理愈辯愈明」。
步驟五：將標示「○」、「×」、「Cue me」的紙板、手卡分發給參與者。
步驟六：說明辯論規則。領讀人先抛出問題，參與者必須每題都要明確表態，選擇贊同論點者，以「○」卡表示，否定者以「×」卡表示。如果有想法，就舉起「Cue me」卡，表示需要發言說明。
步驟七：領讀人從舉「○」卡與舉「×」卡的人之中，選擇一個人出來陳述看法，並提醒在場參與者尊重不同意見的重要性。

步驟八：每題重複正反答辯。

成效

透過充分討論贊成與反對的理由，可提高參與者對於主題產生共識與結論。

領讀人注意事項

所有的技法，在領讀人角色中，最重要的都是事先準備。

既然是辯論，設定的議題必須有足夠吸引力，引得參與者加入辯論。辯論的議題絕不能過於簡單，而是必須具有值得爭辯和思考的立場與厚度。

作為領讀人，準備「動態辯論法」分成三個階段：

第一階段：知識轉化

1. 理解書中所講述的知識點或概念。
2. 把獲得的知識點，轉化成問題。
3. 理解所需要具備的基礎知識，以及最後所組成的概念。

第二階段：設計變化性

為了使領讀人設定的問題複雜、具有深度，每個擬定的問題都需要透過三種層面加以檢視、確認：

一、換位思考：考慮問題在反向與正向兩種狀況下的變化。

二、多場景化：考慮問題在不同場景下的解決可能性。

三、階段差異：考慮問題在不同時間點下的適合度。

第三階段：說明原則

因為動態辯論法的重點在於辯論，只有當參與者們達成認知共識，才會在接下來的分享中，主動分享自己的想法。否則整體討論如果偏向某一方，就無法法真正喚起每個人的智慧經驗。

所以，對於領讀人而言，在辯論過程中，必須適時提醒參與者們，分享沒有對錯，僅僅只是立場不同造成觀點歧異。對每一位分享者都應給予適當鼓勵與肯定的回應，才能營造出良性思辨的氛圍。

適合新成員快速融入的「小S引導術」

對領讀人來說，參與讀書會的人可分為兩種，一種是我們熟悉、認識的人，另一種是不熟悉的陌生人。如果一場讀書會中，參與者大多都是不熟悉的新成員，透過小S引導術，很容易激起每個人想要解決問題的動力。

技法適用情況

1. 適合引導討論階段使用。
2. 適用於引導陌生的學員，快速融入參與討論中。

操作技法所需條件

1. 白報紙。

2. 彩色筆。

技法操作流程

步驟一：共讀的+1技術

領讀人先帶領參與者進行一三一法或是便利貼法等共讀技術，在完成閱讀後詢問：「讀完這章節，你們有什麼想和其他人一起討論的問題？」透過這個問題，讓參與者回想自己讀完本書後，覺得生活或是工作上有哪些地方需要做出行為轉變。

步驟二：共識下的議題思考

承接上階段的發問，讓每一個小組的成員從想要討論的問題中，向領讀人提出三個代表問題。

步驟三：票選討論的問題

1. 各組選好問題，領讀人在白板上寫下題目，讓所有人票選，確認哪些問題是大家最有共鳴，或是最有感覺的痛點問題。
2. 將票選出來的問題，保留至第三個階段共同創作環節時應用。

成效

小S引導術可藉由書中所萃取出來的知識，經沉澱反思後，以參與者生活中最常遇到的問題反映出來。透過眾人智慧激盪與書中知識的交互共創，讓問題呈現更全面的解決思路。

領讀人注意事項

領讀人在進行小S引導術時，經常會碰到參與者無法結合書中知識與生活經驗，所拋出的問題偏題或與主題不符的狀況。領讀人可以透過下列觀點，協助參與者重新思考：

一、從大趨勢的格局，或從行業發展趨勢，找出與知識相應對的問題。

二、回歸個人生活面，找出生活與工作上的問題。

彙整團體智慧擴展思路的「心智圖法」

心智圖法是透過問題，彙整參與者的經驗與智慧，擴張原有單向思考的解法，以全局觀點找出對應解法。

技法適用情況

1. 適合引導討論與共同創造階段。
2. 適合需要快速得到不同想法的討論。

操作技法所需條件

1. 白報紙。
2. 彩色筆（五種顏色）。

3. 便利貼。

技法操作流程

步驟一：領讀人提問

準備大張白報紙，貼在牆上，由領讀人人提出第一個問題（主題），寫在白報紙中央。

步驟二：參與者擴展思考

1. 由主題出發，討論出三到五個相關的構面，作為主要思考的主幹，例如以《當責，從停止抱怨開始》為例，可以思考個人在工作中有哪些需要當責的場景。
2. 再由每個主幹出發，思考三到五個個可能實踐的行動方案，例如以《當責，從停止抱怨開始》一書為例，再深入思考個人場景可以體現的當責行為。

步驟三：勾選可行方案

發想到最後，最少能夠獲得二到九個可行方案，由大家一起決定出最可行的三種行動方案，付諸執行後待下次檢討，例如：在讀過《當責，從停止抱怨開始》後，選出目前立即可行的三個當責行為，由領讀人確認每張便利貼上的想法。

成效

心智圖法的成果，可以幫助參與者從書中找出關鍵問題，全面開展思考。參與者不只單純萃取書中知識，並透過知識延伸思考。

領讀人注意事項

使用心智圖法有兩種方式，領讀人可以就需求和情況做選擇。

一、先完成心智圖，再導入書中知識：有助於參與者先整理思緒，再將書中知識點連結到已發想的心智圖上。

二、先理解書中知識，再進行心智圖：此作法有助於全面解構書中精華，以及視覺化呈現思考過程。

跳脫個人困境，以宏觀視野面對問題的「曼陀羅法」

技法適用情況

1. 適用於引導討論與共同創造階段。
2. 需要快速凝聚共識、快速掌握任務重點或快速找到答案的討論。

操作技法所需條件

1. 大張白報紙，畫上九宮格表。
2. 彩色筆（5種顏色）。

如何問出破壞性問題？提出「是什麼」問題？ 「原因是什麼？」 「為什麼？」 「為什麼不？」 「如果……會怎麼樣？」	**如何尋找以發現為動力的「創新」人才？** 1. 發現技能 2. 精深專長 3. 有所作為的熱情	**對於創新行為和個人該如何激勵？** 1. 設立參與獎、成效獎 2. 給予升級獎勵
如何激發創新思維？ 1. 甄選出有價值的創新想法 2.內部的交際、外部的交際	**建立創新組織的挑戰（程序）**	**如何提高團隊聯繫能力？** 1. 五個竅門 2. 培養發問、觀察、交際、實驗
如何做好創新實驗？ 1. 有相關設備 2. 要有實驗設計 3. 結果必須即時修正	**如何觀察？** 親臨參與體驗，做第一手的記錄	**如何創建團隊？** 1. 賦權得當、靈活機動 2. 正確的結構和技能組合

曼陀羅法中必備「九宮格表」實例

技法操作流程

步驟一：參與者提出問題

1. 先將參與者分組。
2. 每一組分發一張已經畫好的九宮格表。
3. 透過第四章所述引導討論環節，擬定值得討論的知識點，並在九宮格表中填上討論的議題（以《一流的人都在哪裡畫線》讀書會為例，擬定「沒有時間學習怎麼辦」為討論議題，參與者提出種種導致自己無法學習的原因。但在填寫九宮格階段，參與者會發現，許多抽不出時間學習的原因，是因為我們沒有意識到自己應該學習）。

4. 依順時鐘的順序，小組成員在剩餘的八個空格中，逐一寫下從主題延伸出的問題。
5. 如果人數不足八人，無法填滿空白格，可以直接空著，但每一個人都必須填寫問題。

步驟二：反轉順序，交替思考

1. 小組成員填寫完成後，由組長主持，讓填寫者逐一說明想法。
2. 以順時針順序反轉表格，每一個成員對應到不屬於自己的問題。
3. 小組成員針對對應到的問題，提出自己的思考和答案，並說明想法（以《一流的人都在哪裡畫線》為例，針對參與者提出的八個無法學習的原因，互相討論、創造克服問題的解決知法，形成了今後在學習上的態度與方法）。

成效

當需要快速凝聚共識，並且創造出實踐的方法時，可以使用曼陀羅法。曼陀羅法的應用，是先將一個議題寫在九宮格中央，其他每位參與者寫下各自延伸的問題，最後旋轉九宮格，交換問題。

這種操作的好處在於參與者所提出的問題，可透過其他人的智慧去思考解法，跳出原有的路徑，以局外人來觀看全局，找出真正的癥結點或其他關連性。

領讀人注意事項

領讀人在操作曼陀羅法時，應提醒參與者注意兩點：

一、轉換性的問題解答

針對問題的解答做認知上的轉換，或是工具上的應用、系統化的轉變。轉變大致可分為三個類型：

1. 認知解法：概念想法上的轉換。
2. 工具應用：實踐表格或工具來思考。
3. 系統轉移：環境或時間上的調整。

二、增加案例輔助說明

參與者除了解答問題之外，必須輔以實際案例，解釋解答的可行性與產生結果，或其中可能遭遇的不確定因素。

以討論、交流為基礎的「World Café」

技法適用情況

1. 適合引導討論與共同創造階段。
2. 適用於對主題必須進行廣泛、深入的意見交流與探討時。
3. 適用於參與人員異質性高，又需要達成共識的讀書會。

操作技法所需條件

1. 白報紙。
2. 彩色筆。

技法操作流程

World Café 操作方式主要分為三個環節：聚焦議題、討論共創、議題移轉。

步驟一：分組與準備

1. 視情況分組，為每一組準備一張桌子。
2. 桌面備妥彩色筆及白紙，請參加者自由入座，同桌者即為小組成員。
3. 選定桌長。

步驟二：議題生成

1. 桌長引導同桌組員進行此一主題最值得探討的議題，時間約為十分鐘，小組成員必須在時限內結束討論。
2. 由桌長負責將討論成果向全體參與者發表。

步驟三：分組討論

1. 除了桌長以外，參與者可自行選擇與自身相關的組別去參與討論。
2. 由桌長帶領新的小組成員，進行新的議題對策討論。

3. 小組成員利用彩色筆將談話重點記錄在白紙上。

步驟四：成果發表

由桌長將成果對全體參與者發表。例如以讀《做自己的生命設計師》一書為例子，書中談到在今日生活中，人要如何面對缺錢的困擾，並透過不同的角色分享彼此對於人生設計的想法和創意。在讀書會中，我們可以刻意找出不同領域的參加者，企圖用梅迪奇的概念，跨界分享，在有限的時間內共同討論，形成數個共識對策，再進行下一回合議題對策的探索與產出。

成效

World Café是一套能夠讓參與者深度交流的操作技法。透過反覆進行討論、連結、打散、重新組合的過程，參與者之間不斷討論、溝通、思考，再加上多次變動分組，幾乎每個參與者都能達到一定程度的互相溝通，更容易觸碰到全新的觀點，或在思想激盪下產生深刻意見，進而形成共識。

領讀人注意事項

在討論過程中，領讀人要注意每一組的成員數量是否平均，有沒有某一組別的人數太少，或過度集中在某些組中，或者參與者重複討論與其他組別相同的主題，以便讓所有參與者都能有全面的思想碰撞。

第五章　從自發性學習組織到企業盡皆適用的讀書會

創新是可以透過學習成就的，唯有更新認知才能持續創新進步

具有多變性與適應性的讀書會型式

根據我的教學經驗，很多人在學了讀書會的技法之後，總覺得這一套只能用在個人、教育團體或自發性學習團體中，比較少用於企業。但事實上，這是一套可以應用在各種團體、族群的學習技法，尤其是企業單位。因為一個企業之所以能夠持續增長，其關鍵就在於能否持續性學習。

在這個資訊快速變遷、更迭的時代，如果企業、公司乏吸收新知的能力，總想著用同一套方式去解決眼前遭遇的難題，就像愛因斯坦所說：「企圖用同一種方式，卻期望獲得不同的結果，這人不是瘋子就是傻子。」很快就會被整個時代所淘汰。

所以對企業領導者及人才發展單位而言，想要跟上時代、永續經營，首先必須在組織內部營造出具有學習能力的氛圍。

而讀書會因具有很強的多變性與適應性，有如變形金剛一般，能夠針對企業、團體的各種需要，因時、因地、因人自由調整，且它的廣度是全面性的，能普及每一個參與者，是企業尋求精進、改革的最好的學習方式。

本章將就讀書會的四種變化形態做完整的說明，讓每個領讀人或企業經營者、活動企畫者都能掌握，如何調整讀書會的形式，適應現有狀況的需求。

常見的學習組織型態

分析所有學習型組織的建立過程，總括來說，不外乎是兩種趨勢：一種是由上到下，在管理部門的要求下建立的組織；另一種是自發性質的學習團體。

前者譬如公司行號、企業集團、公立或私營的教育團體、社團單位等等，而自發性的學習團體，大多是不帶商業色彩的學習精進組織，譬如因為關切子女教育而組職成的父母學習團體、心理諮商團體、追求成功的激勵性團體等等。

不同的團體有不同的立場和需求，以下分析這些團體組織的性質和需要。

Top down，由上而下的學習性組織

在企業中，這種由上而下型的學習型組織最為常見。通常由公司管理階層、老闆或單位主管所發起，邀請或規定員工參與學習，往往帶有一定程度的強制性。

然而仔細觀察發現，雖然企業或商業團體中的讀書會出席率很高，但個人學習意願卻頗為低落。因為參加者都受制於公司體制、薪水，難免認為：「要不是公司（老闆）逼我參加，我才不來呢！」於是經常可以看到的狀況是，雖然台上口沫橫飛，底下也坐滿了人，但每個人臉上都一副無精打采的樣子，只想著要混過這段時間，甚至滑手機、放空、打瞌睡，分心做自己的事。

人一旦產生「這與我無關」的心態，就難以激發學習動力。所以在此類企業學習團體中，喚起員工的學習意願、打造適合的學習環境，將是學習團體成敗的關鍵。

對於由上而下的學習性組織，我們可以透過三種方式，控制成員的學習意願：

1. 主題選書：結合參與者的需求，設計學習主題。
2. 記錄社群讀書成果：透過成果展現，顯現參與者內在需求。

3. 考慮參與者的意願：參與者是否有強烈學習意願，根源於他的需求點是否被注意到。也就是說，在操作企業由上而下的讀書會組織，更強調書籍知識與個人需求的連結。在設計上盡量讓參與的員工體認到，加入企業內的學習團體不是為了服從公司要求或主管命令，而是為了讓個人更好。

Bottom up，自發性組成的學習性組織

與服從公司命令而形成的學習性組織相較，企業內部成員自發組成的學習團體，無論在求知動力和學習意願上都更為強烈，但這不表示此類組織能夠長期經營。主要問題在於，自發性組成團體缺乏對成員的強制約束力。參與成員起初興致勃勃，但經常隨著時間消磨而不了了之。

通常觀察參與者出席率，就能辨識出自發性學習組織的生命週期，剛開始參與者幾乎場場都到，但漸漸的請假的人越來越多，最終導致流會。

所以對自發性學習組織來說，強化學習的有效性，是把學習成果轉化成工作成果，才能吸引參與者一直保持高度的學習興趣。

這就表示自發性組成的學習組織在設計學習內容時，必須掌握的三個概念點分別是：

1. 吸引個人與組織之間的交集。
2. 維持組織成員之間的連結。
3. 強化學習成果的展現與傳播。

這三個概念的最根本意義都在於「實踐」。期望能夠透過學習活動，讓個人生活、工作產生實質性的變化。

常見讀書會的四種場景

檢視上述談到的兩種企業常見學習性組織，會發現學習意願的高低和參加人數多寡，嚴重影響學習組織的表現。但不表示一個學習意願低落、參與人數少的讀書會就無法進行，而是做為讀書會的發起者、領讀人，無論面對哪一種狀況，都要有完整的應對之道。

想像一下，在一張向量圖表中，如果把學習意願當成 X 軸、參與人數當成 Y 軸，將切分成四種面向，分別依序是：

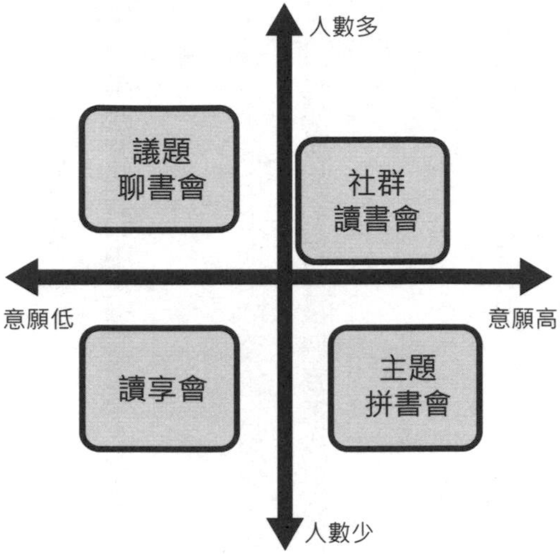

讀書會的四大場景

學習意願高，參與人數多——社群讀書會。

學習意願高，參與人數寡——主題拼書會。

學習意願低，參與人數高——議題聊書會。

學習意願低，參與人數寡——讀享會。

接下來，依據這四種類型的讀書會場景，進一步解析每種類型的特色、適合使用場域和操作流程，同時輔以實際範例說明，以便每個領讀人、企業管理者或活動策畫者在經營讀書會時，能夠更精準掌握成效。

本節重點回顧

- 學習型組織的建立過程：一種是由上到下，在管理部門的要求下建立的組織；另一種是自發性質的學習團體。
- 企業學習團體中，喚起員工的學習意願、打造適合的學習環境，將是學習團體成敗的關鍵。
- 操作企業由上而下的讀書會組織，要更強調書籍知識與個人需求的連結。
- 強化學習的有效性，把學習成果轉化成工作成果，才能吸引參與者一直保持高度的學習興趣。

適用於學習意願高、參加人數多的「社群讀書會」

當參與者懷有高度的學習動力，並且有許多人想要加入時，就符合社群讀書會的初步條件。社群讀書會主要用意在於打破傳統單向的知識傳遞，結合每位參與者個人的知識、經歷，進行雙向交流。

因為參與者本身就擁有一定程度的學習動機，所以領讀人要做的是讓這些參與者能夠強化或保持興趣，持續學習。這種讀書會的特點在於「雙向交流」，讀書不只是一個人的主動學習，而是一群人雙向交流後，跨領域的智慧萃取。

社群讀書會適用場域

研讀符合組織需求的書籍

通常組織內部設定的學習活動，會依據策略發展、外在環境、社會認知、個人工作等需求等等，選定相關書籍，讓成員在學習時，能著重在強化群體工作發展和需求。

書中內容知識點新且多

因為團體讀書的重點在於萃取群眾的隱性知識，也就是集合每個人身上的潛在知識點。所以選書如果偏向新知識點較多的書籍，透過群體智慧結合書中的知識點，更能讓書籍的知識點，結合個人實際的工作加以應用。

參與者多且學習意願高

當參與者有高度的學習意願時，我們應該創造以「實踐」與「交流」為導向的學習型態。因為擁有高度學習意願後，接下來面臨的難題，就是如何「維持」學習意願，這需要藉由每位參與者分享，這種參與感的創造，讓參與者感覺到有貢獻。

在上述三種狀況下，可以使用社群讀書會的操作手法來領導讀書會。同時，作為召集人或領讀人，應該思考在實際帶領這一類學習型態時，要為團體創造出怎樣的價值點。讓整個讀書會不僅只是提供學習環境，同時結合個人需求。

社群讀書會的操作在於希望透過每位組織成員的力量，分工將書中知識點提列出來，並從學習目的去探討該如何應用（共同創作）。

例如以企業來說，企業內部的研發團隊、銷售團隊與後勤團隊，為了針對同一個主題探討書中知識，並將所學導入實際工作，就必須共同探討彼此的工作上的問題點，並考慮該如何同步革新。

不同部門間透過交流，可以看到每項流程、項目背後的用意與需求。不僅是透過單位團隊為基礎衡量組織效能，還可以從不同領域上換位思考，讓參與者從單位視野提升到部門立場，甚至透過整體組織格局來思考解決問題的方案。

社群讀書會的操作步驟

領導社群讀書會基本採用五個步驟，流程如下：

步驟一：分章

在進行社群讀書會前，先針對指定學習的書籍做系統性的拆分，根據書中的章節進行思考，分析每一章節包含了哪些知識點，以及作者是以怎樣手法帶出這些知識點，是透過概念的描述，還是以故事手法來呈現。

步驟二：分組

分章之後，領讀人必須確認參與者該如何分組，才能符合學習的需求。事前考量每個人的基礎知識、需求知識，最後判斷這些知識可以朝向哪些方向思考應用的價值。

步驟三：設定議題

當完成分章與分組，接著領讀人要設定引導的方向。

領讀人必須考慮透過這本書，希望將哪些議題引導到工作當中去應用，並將這些想法形成清晰的脈絡：

討論議題點＝書中知識點＋我們要討論的方向

例如，如果我們要研讀的是一本探討個人成功學的書籍，書中針對如何邁向成功，分為個人層面、群體層面的知識點。作為領讀人，倘若你要把這個議題聚焦在個人身上，應該從「個人該如何做才能成功」的方向來擬定議題。透過書中的知識點，以及方向上的引導，擬定出讀書會中要討論的議題。

步驟四：設定討論手法

設計好議題後，接著考慮該如何透過討論的方式達到成效。領讀人可以透過第四章所介紹的九大技法，挑選出合適的方法，例如：便利貼法、一三一法、小S引導術或是動態辯論法等等。這些技法都很適合做個人觀點的雙向交流。

我們之所以使用這些技法，主要希望能夠喚起每個人的潛在知識，以及結合眾人之間的經驗，互相激盪，產生知識創新。

步驟五：設定創造手法與工具

提煉出書中的知識精華後，接著將之與工作或生活連結並應用。領讀人可以透過九大技法中的曼陀羅法、心智圖法或是World café等操作方式，把這些討論後的結果，聚焦到實踐層面。

透過上述這五個操作步驟，領讀人帶領讀書會成員，讓書中知識與個人、群體相連結，經由思想交流碰撞，創造出新的知識脈絡，最後再利用共創的手法，把這些新生成的知識與概念連結到個人生活與工作中。

社群讀書會實際範例

為了鼓勵團隊持續進步，我曾經研究過聯想集團的發展模式與思考特點。聯想創辦人柳傳志為了讓團隊保持持續向上的動力，在企業內部鼓吹「復盤」行為。所謂復盤，是圍棋高手為求提升棋藝，在下完一盤棋後重新擺盤，檢討盤面上的每一個動作，以檢驗自己的每一步決定，是哪裡做得好、哪裡不好，並確認戰略與執行點上的優劣，作為檢討與調整的依據。

我因為認可這種態度與做法，所以帶領公司同仁們在年度的檢討會議中，用半天的時間一起讀《復盤》這本書。

我是如何帶領同仁，讀這本書呢？

我先透過社群讀書引導術，協助同仁們完全了解《復盤》一書的內容後，再讓每個部門、每位成員結合該書內容，為自己做整年的「復盤」。找出哪些地方可以再做調整，進而達成個人、部門，乃至於公司目標的調整。

這種學習操作手法，與一般企業常見的培訓不同點在於：我們不是以一種有壓力的方式在學習，而是以輕鬆的氛圍體驗學習。

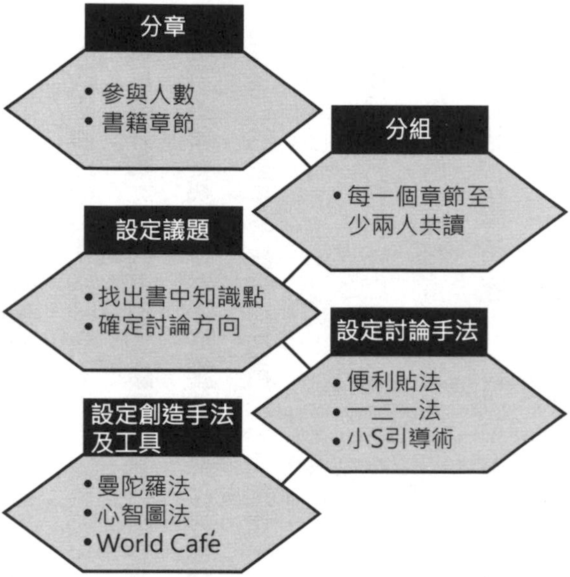

社群讀書會的操作

在大家了解《復盤》書中的關鍵知識點後，再用簡單、輕巧的方式導入公司營運，為公司文化增加復盤的概念。整個過程不至於勞師動眾，且能快速融入。

這也是透過社群讀書引導術的操作法，將一本書的知識，經由系統化的技術萃取，引導至工作與生活中。

本節重點回顧

- 社群讀書會適用於：研讀符合組織需求的書籍、書中內容知識點新且多、參與者學習意願較高等狀況。
- 當參與者有高度的學習意願時，我們應該創造以「實踐」與「交流」為導向的學習型態。
- 社群讀書會的操作在於希望透過每位組織成員的力量，分工將書中知識點提列出來，並從學習目的去探討該如何應用（共同創作）。

適用學習意願雖高，但參與人數少的「主題拼書會」

領導讀書會時，難免會發生參加者學習意願與態度都很高昂，但當天出席人數不多的場面。如果此時還套用社群讀書會的型態導讀、進行知識萃取，很容易因為同溫層效應，導致彼此討論的焦點停留在小範圍內的知識。

為了打破學習上的思維框架，引導每位參與者以新格局來思考未來，建議將以主題閱讀的方式，在同一個主題下，進行跨書籍的閱讀形式，再透過深論與彙整產出。

所以主題拼書會的目的，是藉由主題來彙集不同書中的精華，形成由參與者分享同一個主題底下，不同書籍裡的知識點。

前面曾說過，在《如何閱讀一本書》中曾分析閱讀的四種層次，分別為基礎閱讀、檢視閱讀、分析閱讀、主題閱讀。

第一層次基礎閱讀，能夠讀懂書籍的基礎能力。

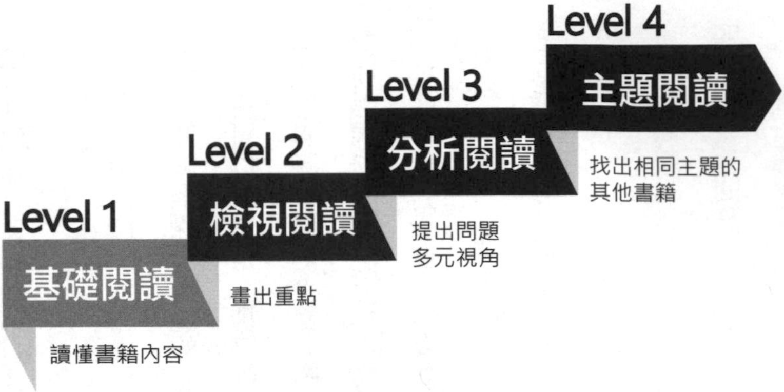

閱讀的四種層次

第二層次檢視閱讀，可以在書中畫出重點。

第三層次分析閱讀，能夠與作者對話的能力，提出問題來以不同視角來看。

第四層次主題閱讀，同個主題下，由不同書籍來支持主題的論點。

這四種層次可以結合到個人學習上。如何以主題閱讀，讓每位參與者有更全面的學習視角？就是讓每位參與者依據主題各自選讀相關的書籍，讓我們在分享時，能夠從不同角度來解釋主題下的知識脈絡。

主題拼書會適用場域

主題拼書會最適合學霸團體。因為團隊中每個參與者除了具有高度的學習熱忱之外，個人的學習能力以及從書中萃取知識的能力都非常強，不僅能快速掌握書中的知識脈絡，還有能連結新舊知識的能力。

在運用手法上，藉由個別讀書轉化能力，可以提高單一主題在短時間內，獲取最完整的結構性知識與探討可能的試用場景。

這可以視為是一種高強度學習需求的型態，能有效幫助參與者在進入某個知識領域時，快速掌握該領域的全面知識點。所以主題拼書會的學習方式，除了可以幫助學習者快速掌握該主題領域的知識脈絡，還可以不斷提升個人讀完一本書後的知識萃取能力，從該領域的表層描述，進而看到背後的深層原理，從而將書中精華與主題連結。

主題拼書會的操作步驟

主題拼書會的操作手法分為四步驟：

步驟一：決定主題

通常由領讀人或讀書會發起人來策畫選擇主題，或是跟參與者一同討論，針對工作或生活中最常遇到的問題，透過書籍來找出解決的方向。這時在選擇主題上，就會更聚焦在實踐，或是以快速了解某領域、議題的主題來思考。

步驟二：各自書籍分享

在各自選定讀書籍前，也可以由讀書會主辦者來提供書單。所以如何尋找到合適、正確的書籍，可以參考從經典，或是針對該領域出版的新書做討論。會中分享時，為了讓每位參與者都了解書中的框架、知識脈絡以及應用方式，可以依據以下的三點來解構書中內容：

一、找出連結主題的知識點有哪些。

二、檢視知識點是怎麼形成的，是否包括故事、案例，或是單純以概念描述來展現。

三、確認書中知識的應用方法，包含表格、流程等容易記憶的應用方式。

依據這三點，可以協助每個參與者在分享時，展現基礎的解構能力。讓學習不僅停留在表層分享，還能深入思考背後觀點形成的邏輯。

步驟三：統整知識區塊

當參與者分享時，領讀人必須把已經分享的概念整理起來，讓所有參與者能夠記錄下知識結構，比較出同質性與異質性。所謂同質性，是指同個主題下，出現哪些相同的知識點、

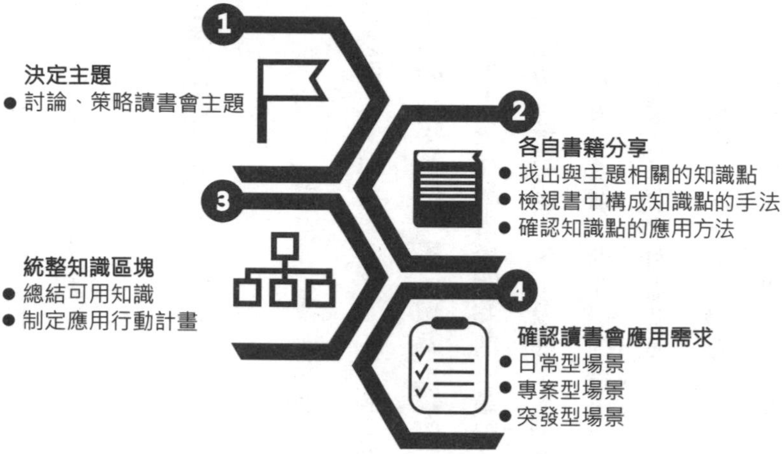
1
決定主題
● 討論、策略讀書會主題
2
各自書籍分享
● 找出與主題相關的知識點
● 檢視書中構成知識點的手法
● 確認知識點的應用方法
3
統整知識區塊
● 總結可用知識
● 制定應用行動計畫
4
確認讀書會應用需求
● 日常型場景
● 專案型場景
● 突發型場景

主題拼書會的操作

概念與流程模式。而所謂異質性，是故事案例的描述，或是作者的獨特觀點。

透過這兩種層面的思考，萃取知識領域的核心區、以及可能延伸到的領域，協助學習者建構出主題下的知識地圖。

第四步驟：確認讀書會的應用需求

當整個主題下的知識都已經整理完成後，接著思考三個層次的應用場景：

日常型場景：經常會用到的知識點、概念工具的使用。

專案型場景：時間周期較長，一年一次，或是兩、三個月一次的使用需求

突發型場景：常常出現突發狀況，事前準備思考怎麼解決。

透過這四個步驟，我們便能解構在一個主題下，如何串連多本書籍，讓參與者在學習時，不只讀一本書，還能了解不同書中的知識重點、不同領域下的獨特觀點。

主題拼書會實際範例

二〇一七年十月，我所領讀的「大書讀書會」，以時間管理為主題，讓每位讀書會參與者透過《少但是更好》、《五個選擇》、《你怎麼看待時間決定你成為哪種人》和《最有生產力的一年》四本書，做為主題內容學習。

首先我在讀書會開始前，請每位參與者分別閱讀書中內容，然後針對每一本書，要求分組組長總結組內討論，整理出下列幾個問題：

1. 用一段話詳細介紹內容主旨。
2. 找出書中三個重點。
3. 找出兩、三個知識點應用。
4. 歸結出兩、三個值得討論的議題。

以「主題閱讀」形式展開，全面探討時間管理這個議題，不僅建立個人與書籍間的連結，更能讓參與者透過主題，共同檢視。

當各組討論整理完成後，再請各小組彼此分享，並延伸出各自的議題，然後選出參與者最有興趣的議題，以此進一步做知識的交流與經驗碰撞，讓議題變成未來實踐行為的依據。

本節重點回顧

- 主題讀書會的目的，是藉由主題來彙整不同書中的精華，形成由參與者分享同個主題底下，不同的書籍裡的知識點。
- 主題讀書會最適合學霸團體。可以幫助學習者快速掌握該主題領域的知識脈絡，還可以不斷提升個人讀完一本書後的知識萃取能力，從該領域的表層描述，進而看到背後的深層原理，從而將書中精華連結到主題上。
-

適用於學習意願低但參與人數多的「議題聊書會」

如果企業、學校或團體想要強制舉辦讀書會，最常碰到的問題是：參與者的意願不佳。因為突然強加而來的學習活動，等於增加參與者的負擔，導致參與者雖然勉強參加，但學習意願很低。

想要解決這種意願奇低，但參與人數卻很高的情況，可以先從思考「學習投資」的概念入手，讓參與者理解學習不僅是為了企業、團體，更是與個人未來發展有密切關聯。當不只是為了學習而學習，而是連結了未來性、成長性後，學習的意願就不是由組織負責，而是個人對自己未來負責。

要想打造出自主負責的學習意識，必須從「參與感」來設計學習型態，最有效的做法就是「議題聊書會」的學習方法。

所謂議題聊書會的意思是透過聊天的方式，讓參與者不以培訓為出發，而是以個人經驗智慧為主導，分享個人觀點。因為每個人如同一本書，都有我們未曾經歷到的故事與收穫，透過這種學習方式，不但能讓參與者意識到學習的自主，還能夠體會到所謂的學習成果，是來自於人與人交流後的成果。

議題聊書會的特色有三：

提高學習氛圍

學習意願的提升，來自兩方面的學習成果使然：第一是參與感，第二是成就感。因為學習成果最終由每個參與者一起分享，所以讓參與者意識到每次成果的展現，來自於參與者對於學習過程的投入，把「成果」與「投入」連結在一起，以實踐為導向，能激發學習動機。

建立團體共識

組織讀書會時，最怕參與者和規畫者之間彼此認知有差距。規畫者往往認為只要提供學習環境，大家就能夠自主學習，實際情況卻往往相反，雖然有學習環境，但人們的學習之心難以持續。

因此議題聊書會的主要在於以「分享觀點」建立學習共識，進一步推進「每個人都是學習典範」的目標。

容易導入新知識

除了透過主題讀書會可以導入學習新知之外，還可以透過結合「議題」與「聊天」的方式，落實參與者對於新知識的理解。議題聊書會更強調個人經驗分享以及新知識運用，可強化使用效益。

議題聊書會的適用場域

適用於議題聊書會的四種時機點：

參與者的學習能力或意願低

如果學習者不知道為什麼要參加學習，或能力不足，假使以培訓的方式進行學習，容易加重學習負擔，影響工作績效的情況下，可以透過議題聊書會的型態，以輕量化的學習引導，結合個人經驗共創學習的成果。

想要提高團體的學習氛圍

當你想要創造團隊的學習文化時，可透過單點、小範圍的示範，達到很好的效果。而聊書會的應用就是結合書中的知識點學習。主要促使學習轉變的成效，則來自過往經驗與現有書中知識，以聊天型態逐步積累。

想要透過書籍來凝聚共識

每次以議題聊書會的型態組織學習環境時，會形成一種既有讀書，又有個人實踐的價值。策畫者一開始想要建立團隊學習意願時，可以以「書」作為吸引參與者的動機，主打輕量化學習，凝聚學習共識。

想要透過書籍改變舊有認知

經由書中的知識改善原有行為，提升績效結果，或是提高個人效率等等。這一類過程很適合透過主題聊書的型態，也就是在聊天的過程中，分享過往在工作上的行為，並藉由書中知識點的學習，落實行為的轉變。

這四種使用時機點，都聚焦在學習意願的提升，幫助學習者意識到書籍知識對於個人工作與生活上的價值，並找出讓學習過程更偏向個人化的學習需求。

議題聊書會的操作步驟

要想進行議題聊書會，可區分成五個步驟執行：

步驟一：以書中知識點發展出議題

讀書會活動發起人或領讀人必須先讀完書籍，並找出書中的知識點，結合議題。

以《一分鐘經理人》一書為例，從書中可以發現三個知識點，分別是「目標設定」、「讚美技巧」與「斥責技術」。在設定議題時便針對這三個知識點個別探討，或是三者結合成「經理人必備的知識有哪些」的大議題。

在思考議題時，還必須考慮接下來可能的發展方向，例如找出其他領域的知識點，並思索有沒有連結的機會，或是在原有知識點後找出其他跨領域的議題加以連結。

步驟二：提早提供議題給讀書會參與者

當設定好議題後，盡快把議題提供給參與者，以便讓參與者們在讀書會前先行思考。

因為是議題聊書會，所以在提供議題時，要提醒參與者，除了本書所屬領域的書籍或經驗，再想一想有沒有其他跨領域的知識點是自己未曾想到的，也可以加以連結。

步驟三：主題分享

鼓勵參與者透過個人所蒐集到的資料加以分享，或是陳述個人經驗故事。領讀人可檢視第四章的九大技法，選擇便利貼法或是一三一法為主線操作，讓參與者們分享，更專注於議題。

但在做分享時，領讀人必須先告知參與者，討論內容沒有所謂絕對正確或是錯誤的意見，而是去思考不同觀點背後形成的思路。

步驟四：收斂聚焦

把剛才聽到的知識、故事或是概念加以歸納統整，思考有哪些可以運用的內容。因此，建議在進行議題分享時，讓每位參與者記錄下所聽聞的知識點，最後結合應用在個人的實踐行為中。

步驟五：實踐應用

帶領讀書會成員們一起思考哪些面向可以操作，並透過心智圖法或曼陀羅法，進行實際的行為共同創造、實踐。因此在實踐方向上，領讀人必須要針對可操作的行為來做步驟化、表單化、概念撰寫等型態，連結個人經驗以產生新的行為意識。

議題聊書會的實際範例

我所主持的北京中關村「大創讀書會」，主要成員以大學生、創業者為主，主要目的是為了替創業者做好心理建設，因此選讀的書籍都與創業、成功學有關。有一次我們選讀的書籍是《你骨子裡是個牛人》，主要是談創業者的觀念和態度。這本書沒有太多的方法論與工作技巧，通篇都是談概念，所以我決定用議題聊書會的方式進行讀書會。

使用議題聊書會時，選定的書籍內含知識點未必很多，但這些知識點都非常重要。而我主要會透過這些知識點，調整自我思考模式。

在實際執行上，通常會先由帶領讀書會的人，藉由說書的方式，使每個參與者都了解各章節的知識點，再針對與書有關的知識點設計討論議題。

為了讓這場讀書會的成效能夠深入影響參與者，作為領讀人，會前我會先構思好議題，大約在讀書會召開前的三、四天，傳給與會成員，讓他們能夠在會前思考議題相關的個人工作與生活上經驗，再回傳領讀人統整確認。

至於說書過程，主要採用議題精讀法，帶領與會的成員解決彼此的問題。

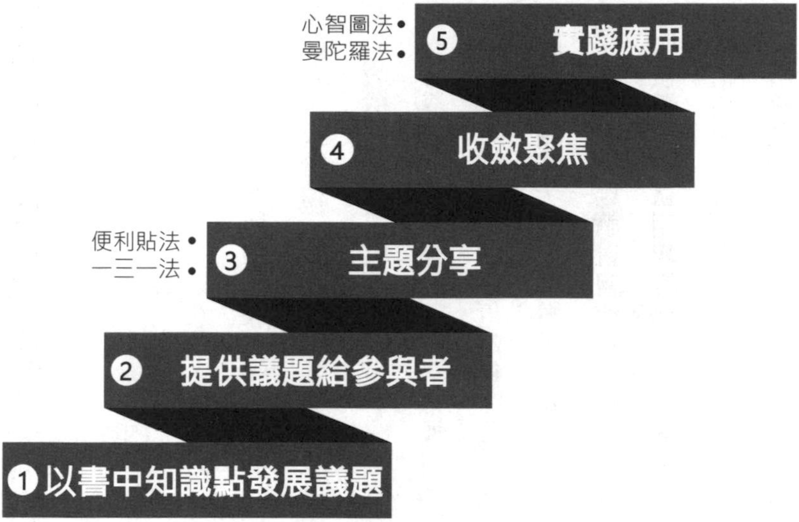

議題聊書會的操作

本節重點回顧

- 議題聊書會的三大優點：提高學習氛圍、建立團體共識、容易導入新知識。
- 通常使用議題聊書會時，選定的書籍內含知識點未必很多，但這些知識點都非常重要。

適用於學習意願低且出席人數少的「讀享會」

通常第一次舉行讀書會，因為缺乏口碑和號召力，參加者一定很少，通常都是自己的親朋好友，礙於情面或被邀請才來參加。但即使是這種時候，也要把握機會，做最好的發揮。最有效的作法，是採用「讀享會」的型態舉行。

讀享會的特點在於，它可依據書籍議題吸引參與者的學習動力。所以除了可由活動發起者向參與者傳播知識，也能夠邀請其他人來一起做書籍的導讀分享。

讀享會最大優勢在於能夠提高人們的學習認知與意願，並且讓其感受到學習獲得。換言之，當缺乏學習意願且參與者少的時候，首先要喚起學習者的學習意願，最有效的作法是以書為載體，並為這場學習活動定義價值。

價值來源分別有三種：

解決問題

提醒參與者，在生活或工作中時常出現問題，卻又不知該如何解決的窘境。藉由學習活動，可一起解決長久以來的隱患，並培養遭遇問題時可以立刻解決的能力。

自我認同

有些學習意願的激發，來自於學習者的內在渴望。也就是說，透過展現個人的學習過程，產生自我認同。

理解知識

讀書會的學習是從知道到做到的過程，目的在於了解一本書，或是該領域的專業解讀觀點。這類學習往往在於求知，所以在價值引導上，需要強調可以獲取新知與解構書中知識脈絡為主。

利用這三種價值導向面對不同類型的學習者。假使今天公司內部要推動組學習組織，並要求你擔任領讀人，你必須先了解應該要喚起參與者哪方面的學習意願，釐清如果將知識與實際生活連結在一起，可以達到哪些成效。

讀享會的適用場域

通常這種參與者少，學習意願又低，但又有具體學習要求的讀書會，為強化意願與動力，必須先分析參與者的學習需求：

理解需求：了解組織內部現在的需求點，是為了理解知識，還是為了追求自我認同，亦或是解決實際問題為導向，針對不同的學習需求，做為學習文案的引導。

學習成效：如同前述的三層價值，必須在學習活動後看到實質的成效。這不僅是學習成果的展現，更多的是長時間打造學習環境。

當你要從零開始打造屬於自己的讀書會，可以從讀享會來積累學習意願。透過每次活動的積累，逐步強化參與者的學習意圖。

讀享會的操作步驟

想要帶動讀寫會的學習氛圍，必須先找出具有學習需求的人。這群人嚮往參加學習活動，會透過不同學習社群，展現出個人的學習意圖。當你找出這些關鍵人物後，緊接著是透過讀享會模式，激發他們更強烈的學習意念。

步驟一：分章分組

在讀書會開始前，票選出所有人最有興趣想要研讀的書籍。讀享會當天，事先分好書中各章節，並分派給各小組。透過領讀人的分享，萃取出每一章節的知識點，並連結應用手法。

步驟二：以一三一法進行章節說明

小組依照分配，進行討論，依據各組負責的章節，分別寫下一三一表單，歸納出該章節的一句話、知識點及可應用層面。等小組討論完畢後，將結果交由導讀者，與全體成員分享。

步驟三：以便利貼法進行記錄與分享

在領讀人分享完畢後，先給各組一段時間沉澱思考，互相討論剛才的重點。

接著發給各組三張便利貼，透過便利貼法，請各組將討論結果，分別在這三張便利貼，用自己的言語寫下三個主題：重述知識內容、描述自己與該知識相關的經驗、學到知識後該怎麼應用。

當各組寫好便利貼後，透過分組分享，將總結與全體成員共享。此時的學習不僅是吸取導讀者分享的書籍知識，並透過個人內在思考重整，以及自身經驗，彼此交互連結，沉澱下的觀點分享。

步驟四：用一個議題進行共同創作

最後，請每個小組提出一個值得大家一起共同研討的議題，並針對這個議題來討論。在大家票選出討論的議題後，經由操作子彈思考法以凝聚知識的應用，進而推升知識創新，再到生活或工作上的行為實踐。

讀享會的實際範例

讀享會的操作時機在於，參與者的意願比較不清楚，但又都是關鍵人物。所以希望參與者能夠獲取有用的知識，並激發學習的意願。

在此分享我先前引導百度內部讀書會的經驗。那次的讀書會目標是「ＭＡ計畫」，主要希望能夠讓百度儲備幹部取得更多管理知識。因此在帶領讀書會時，主要透過閱讀相關領導力書籍，積累知識，並分享、交流彼此的觀點。

聊書會的操作

我採用讀享會方式，結合個人分享，讓參與者擁有較為精準，又有趣的學習體驗。

一開始作為領讀人，我先用說書的方式，將書中內容、知識點說明給大家聽。於此同時，參與者分組寫下各負責章節的一三一表單，並再透過便利貼法，重述知識內容、描述自己與該知識相關的經驗，並延伸思考學到知識後該如何應用。

完成便利貼後，由各小組來分享交流，並在最後凝聚共識，互相分享。

讀享會的運作，適合關鍵職位的學習，讓原本讀書會的型態結合「說書」跟「經驗分享」，喚起個人的知識與智慧的共創，以此來提高他們的學習意願。例如：高階主管共同學習一門新的管理知識時。

本節重點回顧

- 第一次舉行讀書會，缺乏口碑和號召力，參加者少，適合使用讀享會。
- 讀書會的學習是從知道到做到的過程，目的在於了解一本書，或是該領域的專業解讀觀點。這類學習往往在於求知，所以在價值引導上，需要強調可以獲取新知與解構書中知識脈絡為主。

結語

大部分的中小企業通常幕僚單位都只有一個功能，編制也只有一到兩個人，而作為企業管理者，經常無法針透過課程設定培養這些人才。所以在我自己的公司裡，我是透過社群讀書會的形式，讓每一個員工都成為自我發展的高手。

二〇一八年，我選擇了《躍遷：成為高手的技術》做為指定研讀書籍。這本書是透過五個面向分析，教導讀者如何自我提升，成為真正的高手。透過半天的讀書會，我帶領員工一起共讀，並詳細探討五大面向，再討論透過這五個面向，我們可以建構出哪些方案，最後與每個員工一起完成個人的年度發展計畫。透過社群讀書會的學習，成功滿足組織內部的發展需求。

因為二十七歲就創業，我時常和朋友們說，我的公司是靠著我「看書養大」。我的經營能力多來自於透過社群讀書所獲的知識，並加以運用與實踐。社群讀書會的形式也成為我獲取與構思、經營生活和工作的私董會。事實證明這種學習法門是轉化知識的最高效方式之一。我把自己所學傾囊相授，全寫在本書中，讀到這裡，希望你已經學到了其中的知識與技巧。

最後，我想提醒每一個讀完此書的朋友們，在實踐所學前，要先有以下七點認知：

一、每個人都應該有一個自己的讀書會

成立讀書會有四個最主要的目的：第一是學習，幫助自己在個人學習上提升效率與毅力；第二是社交，透過讀書提高自身社交品質；第三個是智囊團，創作者、創業家或企業主管都需要一個外部的智囊團，協助自己脫離日常平庸的想法，激盪出創新的思維與作法；第四個是自媒體，建立起社群（客戶或粉絲）的關係與黏性。

無論你成立讀書的目的是為了什麼，首先第一點必須要先決定成立讀書會的目的。確認好目的，你才能更清晰地去設定讀書會中該呈現的內容與形式。

二、參加讀書會不只是為了讀書

記得讓參與者明白為什麼要來參加讀書會，提醒他讀書會的價值與活動內容。畢竟學習是反人性的，如果參與者不明白可以得到怎樣的收穫，不可能堅持下去。

三、社群學習引導的價值不在於你說了多少，而在於大家分享與創作了多少

舉辦讀書會之前，必須清楚地把讀書會的每一個步驟，如共讀、分享、創作等等，詳細做好結構設計，才能在讀書會過程中取得最好效益。

四、引發動機與目標共有是學習的打火石

開場的時候，務必讓參與者了解他為什麼需要讀這本書、在學習的過程中，我們期望能得到什麼收穫。

五、建立連結知識與實踐的橋梁

好的議題能夠讓人縮短學習知識與運用之間的距離，因為學習到實踐的過程中，CP值最高的方式，就是每當你獲得一個知識點，立刻去想該如何運用它。

六、打破努力讀書仍無法過好這一生的窘境

很多人花了非常多時間在閱讀、上課、聽教學、研究學習影片上面，卻不理解學習並不是為了獲取更多知識，而是找到人生解答。沒有這點認知，自然無法堅持學習，更無法改變人生。

七、不讀書的人，一輩子只能體驗一種人生，讀書的人，一輩子可以體驗 1000 種人生，

參加讀書會的人，我認為可以體驗 1000 × N 種人生

每一次讀書的過程，除了學習在工作或生活上所需要的知識之外，同時也透過與他人彼此的理解、感悟、啟發、分享，豐盛你我生命中的精彩。

世界已經到了十倍數的競爭時代，如果你還靠經驗學習面對人生挑戰，恐怕很難一路順遂。就如同柏拉圖所說：「要想追求卓越必須學習更多，不能僅靠每日所體驗的一切。」

來吧，我的朋友！一起體驗社群與學習的力量。

國家圖書館出版品預行編目資料

共讀的力量：帶領社群學習的引導技術 / 林揚程 著. -- 初版. -- 臺北市：商周出版：家庭傳媒城邦分公司發行, 民108.10
面： 公分
ISBN 978-986-477-731-0（平裝）

1. 讀書會 2. 閱讀指導

528.18 108015126

共讀的力量：帶領社群學習的引導技術

作　　者 / 林揚程
企畫選書 / 楊如玉
責任編輯 / 陳名珉

版　　權 / 黃淑敏、翁靜茹
行銷業務 / 莊英傑、李衍逸、黃崇華
總 編 輯 / 楊如玉
總 經 理 / 彭之琬
事業群總經理 / 黃淑貞
發 行 人 / 何飛鵬
法律顧問 / 元禾法律事務所 王子文律師
出　　版 / 商周出版
城邦文化事業股份有限公司
臺北市中山區民生東路二段141號9樓
電話：(02) 2500-7008 傳眞：(02) 2500-7759
E-mail：bwp.service@cite.com.tw
Blog：http://bwp25007008.pixnet.net/blog
發　　行 / 英屬蓋曼群島商家庭傳媒股份有限公司城邦分公司
臺北市中山區民生東路二段141號2樓
書虫客服服務專線：(02) 2500-7718・(02) 2500-7719
24小時傳眞服務：(02) 2500-1990・(02) 2500-1991
服務時間：週一至週五09:30-12:00・13:30-17:00
郵撥帳號：19863813 戶名：書虫股份有限公司
讀者服務信箱E-mail：service@readingclub.com.tw
歡迎光臨城邦讀書花園 網址：www.cite.com.tw
香港發行所 / 城邦（香港）出版集團有限公司
香港灣仔駱克道193號東超商業中心1樓
電話：(852) 2508-6231 傳眞：(852) 2578-9337
馬新發行所 / 城邦(馬新)出版集團 Cité (M) Sdn. Bhd.
41, Jalan Radin Anum, Bandar Baru Sri Petaling,
57000 Kuala Lumpur, Malaysia
電話：(603) 9057-8822 傳眞：(603) 9057-6622

封面設計 / 李東記
內文排版 / 新鑫電腦排版工作室
印　　刷 / 韋懋實業有限公司
經 銷 商 / 聯合發行股份有限公司
電話：(02) 2917-8022 傳眞：(02) 2911-0053
地址：新北市231新店區寶橋路235巷6弄6號2樓

■2019年（民108）10月03日初版
■2021年（民110）03月10日初版3.8刷
定價 450 元

Printed in Taiwan
城邦讀書花園
www.cite.com.tw

ISBN 978-986-477-731-0